TÉCNICAS

CRUCIALES DE

MARKETING

Paso a paso aumenta las ventas
de tu empresa

Gloria Green
Jeffrey Williams

Upstart
Publishing Company

a division of Dearborn Financial Publishing, Inc.

A pesar de que se ha procurado dar información fidedigna y actualizada, las ideas, sugerencias, principios generales y conclusiones que figuran en este texto, están sujetas a reglamentaciones municipales, estatales y federales, casos llevados a los tribunales y revisiones de los mismos. Recomendamos al lector buscar asesoría legal en lo concerniente a las leyes específicas aplicables a su localidad. Esta publicación no debe ser utilizada como sustituto de consejo legal competente.

Traducido de la primera edición en inglés de
Marketing: Mastering Your Small Business

Dirección editorial: **Karin N. Kiser**
Supervisión editorial y producción: **Editorial Pax México**
Traducción: **Leonel Diniovuits**
Portada: **Mike Neville**

© Copyright 1998 por Dearborn Financial Publishing, Inc.®
Publicado por Upstart Publishing Company®
una división de Dearborn Financial Publishing, Inc.,® Chicago

Library of Congress Cataloging-in-Publications Data

Green, Gloria. 1995-
    [Marketing. Spanish]
    Técnicas cruciales de marketing: paso a paso aumenta las ventas de tu empresa / Gloria Green, Jeffrey Williams.
        p.   cm.
    "Traducido de la primera edición en inglés de Marketing: mastering your small business"--T.p. verso.
    ISBN 0-7931-2714-9
    1. Marketing--Planning. 2. Smal business--Management.
I. Williams, Jeff, 1948-   II. Title
[HF5415.122.G7418 1998]   97-26222
685.8--dc21   CIP

Los libros de Dearborn y Upstart están disponibles a precios especiales para su uso como premios, en promociones de ventas o en programas corporativos de capacitación, etc. Si desea mayor información, por favor escríbanos a Dearborn Financial Publishing, Inc., 155 N. Wacker Drive, Chicago, IL 60606 - 1719 o llámenos al 800-621-9621.

ÍNDICE

PREFACIO

Empieza su reto

El marketing exitoso de un pequeño negocio exige una astuta combinación de experiencia citadina, acceso a información confiable, conocimiento de la tecnología más actual, y puro instinto.

Prácticamente cualquier actividad que su negocio lleve a cabo influye en su marketing; por ejemplo, el diseño de su tarjeta de presentación realza o rebaja su imagen como empresa bien establecida; la rapidez con que devuelve las llamadas telefónicas revela su profesionalismo; y su habilidad en la selección de sus proveedores determina la puntualidad en sus entregas.

Usted se enfrenta al reto de competir con empresas mayores que pueden invertir muchísimo más para promover su negocio. Muchas veces, tiene poco personal y demasiado trabajo. Así que, ¿cómo progresar en su pequeño negocio? Pues utilizando las siguientes ideas para lograr que su capital de marketing rinda lo máximo.

- Analice lo que ya sabe: hábitos de compra de sus clientes, precios de los competidores, etc., para descubrir el "capital de venta sin captar".
- Seleccione una o dos áreas a donde crea que puede entregar un producto o un servicio superior.
- Idee un mensaje de ventas que se centre en cómo beneficiará usted a los compradores y en por qué deben comprarle.
- Experimente con diferentes maneras de comunicar su mensaje de ventas: compare las ganancias captadas con la inversión publicitaria y deténgala si la proporción no es favorable. Prosiga a la siguiente idea.
- Revise sus planes con regularidad para asegurarse de que su mensaje tenga consistencia.
- ¡Proporcione un servicio al cliente tres veces mejor de lo que usted mismo exigiría!

Un sistema solvente de gerencia de marketing hace uso de continuas investigaciones de marketing y organiza los resultados en un plan de marketing por escrito para asegurar una estrategia lógica y proporcionar las metas a seguir. El plan de marketing debe revisarse al menos una vez por año para permitir la inclusión de nuevos conocimientos y nuevas técnicas. Las actividades promocionales que usted inicie deben ajustarse a un calendario y revisarse una vez por mes para comprobar su cumplimiento exitoso en las fechas determinadas. ¡Y usted nunca debe dejar de aprender!

¿Qué son las Prácticas Personales?

Las Prácticas Personales no son exámenes, sino simples ejercicios y formas de recolección de información diseñados para ayudarle a aplicar técnicas recién adquiridas a su negocio específico. Las prácticas se pueden encontrar a lo largo de los retos.

Usted no está solo

Le presento a Juan y José, los dueños de dos pequeños negocios que ofrecen el mismo producto: una línea de salsas estilo jamaiquino que se vende en tiendas especializadas.

Juan elabora la línea de productos y José tiene una tienda de ventas a granel que la compra.

Sus nuevos amigos del área empresarial le habrán de guiar a través del proceso de planeación de marketing, pues su experiencia personal en la planeación y ejecución de estrategias de marketing podrá ilustrar los puntos determinantes que le serán expuestos en las sesiones de aprendizaje.

Juan Carvajal, dueño de Salsas del Paraíso. Después de pasar varios periodos vacacionales en las islas del Caribe, el sabor inolvidable de las salsas de la región me inspiró a crear mi propia versión de la picante salsa frutal que inicialmente sólo preparaba para mis amigos. Animado por el gerente de una tienda de abarrotes de mi colonia, decidí tratar de comercializar la producción de mi Salsa Trueno. Contraté a un productor de comestibles de la localidad para que elaborara la salsa según mi receta, y produje para empezar 500 frascos. La utilización imaginativa de pruebas de sabor (con una mínima inversión) dio como resultado una campaña promocional de boca en boca de rápida extensión, lo cual motivó a varios restaurantes cercanos a solicitar a prueba mi salsa de mariscos y la picante. Hoy día, tres años después, Salsas del Paraíso entrega anualmente 100,000 cajas de diversas salsas y aderezos de sabor único a compradores al por mayor de restaurantes y tiendas de abarrotes y a revendedores de comestibles en un territorio que abarca seis estados.

José Luis, propietario, Abarrotes Los Cuatro Vientos. Incluso de niño, tenía talento para convertir en dinero mis ideas. Empezando por hacer donas en casa y venderlas a los tenderos de la localidad, fui progresando hasta poder rentar un puesto ambulante de comida en la universidad durante el verano, donde vendía deliciosos platillos caseros. Pero mi sueño era abrir una pequeña tienda de abarrotes, especializada en productos sensacionales de Asia, Sudamérica y el Caribe. Sin temor para probar cosas nuevas, me gané la reputación de tener "el lugar" donde encontrar comidas exóticas. Alenté a los nuevos proveedores de comestibles a dar pruebas de sabor en mi tienda. Fue durante una de esas primeras pruebas cuando conocí a Juan Carvajal, que recién había sacado al mercado su Salsa Trueno. Partiendo de un pequeño pedido, ahora hemos alcanzado un volumen mensual de ventas de los productos de Salsas del Paraíso de $4,000 dólares.

Ayudas para el aprendizaje

Los siguientes símbolos son sus ayudas para el aprendizaje. Al aparecer en los márgenes de las páginas, estos símbolos le proporcionarán consejos para el estudio, además de información valiosa e interesante sobre la materia de la gerencia de mercadotecnia.

Para su información: En los apartados PSI encontrará notas, citas y valiosos datos.

 **Llamados:** Información que vale la pena señalar o recordar.

 Consejos tecnológicos: Ciertos avances en tecnología de computación y telecomunicación ya están aportando beneficios a las compañías que los utilizan atinadamente. Con este símbolo se señalan las aplicaciones útiles.

 Recursos: Otras personas probablemente ya saben lo que usted busca saber. Al ver este símbolo descubrirá valiosos recursos.

 Paso atrás: Ocasionalmente, se le pedirá que vuelva a un paso o práctica anterior, con el objeto de revisarlo.

 Información: Esta guía le proporcionará información comercial pertinente, y su relación con sus propios asuntos cotidianos, así como con su plan estratégico de negocios.

 Herramientas: Las Prácticas Personales son las herramientas que le ayudarán a probar y analizar sus ideas y estrategias de negocios.

Aprendizaje: Conducir una empresa con éxito conlleva el aprendizaje continuo. Éste será selectivo y apropiado, ajustado a las necesidades de su negocio y a sus habilidades, sus conocimientos previos, sus experiencias y recursos.

Trabajo en red: Usted no estará solo para hacer sus decisiones de negocios. Se le dará acceso a recursos adicionales externos que podrá contactar en busca de apoyo y asistencia.

Autoevaluaciones

Le animamos a realizar las Autoevaluaciones que se encuentran al final de cada Reto. Son herramientas diseñadas para que compruebe su comprensión de las materias tratadas. Si durante una de estas evaluaciones personales se da cuenta de que no entiende algo por completo, se le pedirá que revise de nuevo la materia que ha leído.

PENSAR COMO EL CLIENTE

Cuando usted tiene un pequeño negocio, fácilmente puede verse tan abrumado por el cúmulo de detalles de los que personalmente debe encargarse, que pierde de vista el factor más importante para la prosperidad de su negocio: el cliente.

Este Reto está diseñado para que se tome un respiro, mientras examina la manera en que asume en la actualidad las relaciones con los clientes. También podrá ver algunas sugerencias para crear relaciones aún más productivas con ellos.

Si lo está realizando con éxito, llevar a cabo su plan de marketing para su negocio debe ser divertido. Después de todo, ésta es el área de sus actividades donde tiene la mejor oportunidad de proyectar su personalidad. El marketing es el campo donde usted puede probar que en verdad le importan sus semejantes. Si su interés por los demás resulta sincero, esas mismas personas le recompensarán a USTED con creces. Con frecuencia, se convierten en sus mejores vendedores.

Pero, para tener éxito en el marketing de un pequeño negocio, es preciso saber perfectamente qué se está vendiendo en realidad, quiénes querrían comprarlo y por qué lo harían. Se requiere valentía para emprender las oportunidades de negocios antes de que se hagan evidentes en toda su potencialidad.

La **Parte Uno** de este Reto es una introducción a la disciplina del marketing de un pequeño negocio. Propone técnicas de marketing de negocios pequeños que han sido probadas en la práctica y que le ayudarán a competir mejor en el exigente mundo empresarial actual.

Al completar la Parte Uno, usted estará capacitado para:

- examinar su marketing actual desde el punto de vista de sus clientes
- evaluar sus puntos fuertes y débiles en el área de marketing
- asegurarse de que la estrategia de marketing de su negocio esté "impulsada por el mercado"
- seleccionar a sus clientes con la máxima flexibilidad y ganancia
- localizar un nicho especial para su negocio

La **Parte Dos** de este Reto presenta técnicas de costo viable para llevar a cabo la investigación de mercado que usted necesita para proveerse de los datos y las opiniones esenciales para un plan de marketing eficaz.

Al completar la Parte Dos, usted estará capacitado para:

- identificar las cuestiones de marketing en las cuales necesita información adicional
- empezar a responder a sus propias preguntas mediante investigaciones informales

- diseñar muestreos, cuestionarios y entrevistas de grupos de control para obtener información directa
- analizar e interpretar los resultados de sus investigaciones para apoyar sus decisiones de marketing

PARTE UNO:
Fundamentos de marketing
para la pequeña empresa

El marketing de un pequeño negocio es diferente de aquel que realiza una gran corporación. ¿Cuáles son las diferencias?

Los pequeños negocios tienen que atraer y vender a los clientes gastando la menor cantidad de dinero posible. No se pueden permitir errores que resultan muy caros, de manera que experimentan constantemente con: sus precios al consumidor, sus modos de venta, sus promociones, etc. La clave está en investigar el mercado, formular acciones escalonadas, ponerlas a prueba durante uno o dos meses y, finalmente, evaluar los resultados. Si no está logrando los resultados esperados, intente algo diferente. ¡Muy pronto se dará cuenta de que no se puede permitir tirar el dinero en los clientes en potencia!

Muchos propietarios de negocios pequeños no se consideran a sí mismos como vendedores natos. A veces la idea de tener que vender les pone muy nerviosos. Lo que muchos desean es que los clientes aparezcan por arte de magia, de manera que ellos puedan invertir casi todo su tiempo en producir el producto o servicio que se ofrece. Gran parte del miedo de dirigir una empresa es provocado por la preocupación que se tiene de nunca poder captar los suficientes clientes como para permanecer en el negocio.

Si usted siente que no tiene talento como vendedor, recuerde:

"Yo soy el peor vendedor del mundo.
Por lo tanto, debo ayudar a la gente a comprar
con facilidad."

F. W. WOOLWORTH

El marketing es un conjunto de métodos que usted utiliza para atraer sin cesar a los clientes sin tener que ser el mejor vendedor del mundo. El marketing eficaz le deja más tiempo para producir y crear nuevos productos porque le ahorra tiempo en buscar y conseguir clientes.

¿Cuáles son los mejores métodos?

El marketing eficaz hace que la gente quiera comprar su producto o servicio. Cómo lograrlo depende de varios factores:

- **Su tipo de negocio.** Por ejemplo, gran parte del marketing de las tiendas al por menor tiene que ver con su ubicación.
- **Su personalidad.** Si, por ejemplo, a usted le gusta reír, puede hacer uso del humor adecuado en su marketing (pero tenga cuidado).
- **Su capital**. ¿Cuál es su presupuesto? Casi todas las ideas de marketing tienen su precio. Por ejemplo, la publicidad de correo directo fácilmente puede costar más de $1.00 por pieza, incluyendo diseño, impresión y envío.

Para que un pequeño negocio pueda vender un producto o servicio, debe establecer una relación con sus clientes. Debe crearse una reputación de confiabilidad. Y, por encima de todo, debe entender y hacer todo por llenar las necesidades de sus clientes.

Salsas del Paraíso, Juan Carvajal: Lo que queremos que nuestros clientes recuerden siempre es lo siguiente: (1) Ingredientes 100% naturales; (2) Las cajas del producto se convierte fácilmente en desplegados para la venta; (3) Apoyamos nuestros productos con agresivas campañas de pruebas de sabor.

 Abarrotes Los Cuatro Vientos, José Luis: Quisiéramos que nuestros clientes recordaran sobre todo los siguientes aspectos de nuestro marketing: (1) El encargado de pedidos especiales rápidamente consigue los productos solicitados que nosotros no vendemos e intenta obtener una muestra para el cliente; (2) Damos clases de cocina y preparación de platillos todos los fines de semana para mostrar la utilización de nuestros productos más exóticos; (3) Tenemos cajas de pago "sin espera".

PSI Pregúntese: "¿Qué necesidad no satisfecha cubre mi producto o servicio?". Una vez que haya contestado a esta pregunta, habrá determinado el punto central de su estrategia de marketing. Entonces, todo lo que tendrá que hacer será comunicar persuasivamente los beneficios de su producto o servicio al cliente y hacer entrega de ellos a tiempo.

Preparación para la Práctica Personal #1
Pensar como el cliente

El primer paso en la creación de sus relaciones con sus clientes consiste en pensar como ellos piensan. Póngase en su lugar, imagine que alguien se le acerca para venderle su propio producto. ¿Qué le gustaría a usted saber? ¿Qué garantías querría usted? ¿Cómo se convencería de la credibilidad y confiabilidad del otro? ¿Qué beneficios esperaría obtener?

Mediante la Práctica Personal #1, tendrá la oportunidad de evaluar con qué exactitud ha escuchado y atendido las necesidades de sus clientes. Pero, antes de empezarla, examine cómo el empresario Juan Carvajal, cuyo caso está bajo estudio, completó su primera práctica.

Práctica Personal #1
Pensar como el cliente

Imagine que usted es el cliente y que está algo escéptico en gastar su dinero en el producto o servicio que su compañía ofrece. Partiendo de sus respuestas, determine hasta qué punto está convencido de que su propia compañía satisface sus necesidades.

1. ¿Cuáles son las tres cosas más importantes que usted quiere que yo sepa sobre su producto o servicio?

    #1: Ingredientes 100% naturales

    #2: Las cajas del producto se convierten fácilmente en desplegados para la venta

    #3: Apoyamos nuestros productos con agresivas campañas de pruebas de sabor

2. ¿Por qué son importantes para mí?

    #1: Aproximadamente 10% del mercado de abarrotes hoy día está integrado por "consumidores verdes", que buscan productos que no deterioren el medio ambiente y que sean buenos para su salud. Estas personas gastan un promedio de 22% más al mes en comida que los consumidores típicos.

    #2: Muchos de nuestros clientes son pequeñas tiendas de abarrotes especializadas, que tienen poco espacio y pocos empleados. Nuestras cajas de envío de producto están diseñadas para convertirse fácilmente en atractivos desplegados, dando así una apariencia profesional sin costo adicional y ahorrándoles tiempo a los empleados

#3: Los dueños de las tiendas de abarrotes saben que los nuevos productos comestibles deben ser probados para atraer a los consumidores. Hacemos divertidas pruebas de sabor mediante promociones imaginativas en las tiendas, enseñando cómo cocinar con nuestro producto, o cómo utilizarlo para realzar el sabor de los platillos.

3. ¿Cómo sobresale su producto o servicio en comparación con otros?

#1: En el desarrollo de nuestros productos, vamos más allá del factor sabor. Cuando creamos nuestras recetas consideramos cuidadosamente el estilo de vida total del consumidor: dietas preferenciales, actividades sociales, limitaciones de tiempo.

#2: Con frecuencia nos convertimos en consejeros gratuitos de marketing para nuestros clientes menores, ayudándoles a promover imaginativamente nuestros productos, ligados con otros productos relacionados.

#3: Tenemos mentalidad científica para asegurarnos de que nuestra variedad de productos utilice el espacio en las tiendas eficazmente. Podemos proporcionar un plano computarizado de espacio de anaqueles para su tienda.

4. ¿Por qué cree que su compañía es mejor y diferente de mi proveedor actual?

Tenemos talento para descubrir el interés real que la gente puede tener en comestibles de moda al parecer pasajera. Una y otra vez, descubrimos los sabores y las texturas que la gente quiere. Los ayudamos a incorporar fácilmente nuestros productos a su dieta normal.

5. ¿Por qué debo creer que ustedes saben lo que hacen?

    Hemos ganado el premio "Sabor Nuevo" de la Asociación de Comestibles Naturales tres años seguidos.

6. ¿De qué manera facilita usted mi compra más que mi actual proveedor?

    Nuestros vendedores están equipados con computadoras portátiles con módems integrados que les permiten mandar un fax con su pedido desde su tienda misma y asegurarle la fecha de envío en ese momento.

7. ¿Cómo se comparan sus precios con los de mi actual proveedor?

    Nuestros precios son comparables a los precios de los productos de primera de líneas de productos similares. Además, aseguramos la rotación expedita de producto, reduciendo por tanto los costos anuales de inventario y aumentando sus ganancias.

Práctica Personal #1
Pensar como el cliente

Imagine que usted es el cliente y que está algo escéptico en gastar su dinero en el producto o servicio que su compañía ofrece. Partiendo de sus respuestas, determine hasta qué punto está convencido de que su propia compañía satisface sus necesidades.

1. ¿Cuáles son las tres cosas más importantes que usted quiere que yo sepa sobre su producto o servicio?

    #1:

    #2:

    #3:

2. ¿Por qué son importantes para mí?

    #1:

    #2:

    #3:

3. ¿Cómo sobresale su producto o servicio en comparación con otros?

    #1:

    #2:

    #3:

4. ¿Por qué cree que su compañía es mejor y diferente de mi proveedor actual?

5. ¿Por qué debo creer que ustedes saben lo que hacen?

6. ¿De qué manera facilita usted mi compra más que mi actual proveedor?

7. ¿Cómo se comparan sus precios con los de mi actual proveedor?

Seguimiento de la Práctica

1. Examine de nuevo lo que usted cree que sus comunicaciones de marketing le están transmitiendo tanto a sus posibles como a sus actuales clientes. Tal vez le sorprenda la diferencia entre lo que ellos quieren saber y lo que su marketing les dice.
2. Examine la manera en que establece credibilidad con sus clientes potenciales.

3. Evalúe qué tan bien se mide usted con nuevos competidores en cuanto a la facilitación de la compra de su producto o servicio.

¿Qué es un marketing eficaz?

Con frecuencia se piensa, equivocadamente, que el marketing debe emplearse sólo cuando ya han encontrado clientes. Luego se inicia la producción. Aquellos que adoptan esta actitud hacia el marketing, tienden a hacer uso de la publicidad y las promociones únicamente cuando las cosas están difíciles. De hecho, las corporaciones de mayor crecimiento en los Estados Unidos se apoyan en campañas de marketing continuas, en tiempos buenos y malos.

Antes de que empiece a explorar las diferentes maneras en que puede atraer clientes, necesita entender lo que los expertos en marketing nos dicen sobre el proceso:

- El marketing es una inversión, no un gasto.
- Se debe llevar a cabo continuamente.
- Debe comunicar un mensaje consistente.
- Debe mostrar su pasión por su negocio.

Desde luego, cuando usted hace un cheque por $900 dólares en pago de un anuncio de prensa, el marketing sí parece muy caro, pero es en verdad una inversión en el futuro de su compañía. Como cualquier otra inversión, puede dar como resultado una pérdida o una ganancia.

La paciencia tiene mucho que ver en la obtención de buenos resultados.

Son demasiados los negocios pequeños que sólo incrementan sus gastos promocionales cuando las ventas bajan. ¿Por qué cree usted que las ventas bajaron?

Acaso el negocio dejó de tratar de encontrar nuevos clientes potenciales cuyas necesidades quizá podría satisfacer. O acaso el negocio no siguió diciéndole a sus actuales clientes cuán valiosos eran. Encontrar y conservar clientes es la esencia del marketing exitoso.

Sin una estrategia de marketing, su negocio camina sin una meta clara a la vista. Si usted no sabe lo que quiere alcanzar, es muy factible que tampoco sepa qué decir a los clientes potenciales para persuadirles de que le ayuden a alcanzar su meta. Saber lo que usted quiere alcanzar facilita mucho la comunicación consistente porque usted entiende bien la reacción que desea de sus clientes.

Los expertos en ventas dicen que el factor determinante del éxito en esta área reside en el entusiasmo con que usted hace su presentación. El entusiasmo sincero tan sólo puede provenir del gusto con que haga las cosas y de su sincera convicción de que lo que usted ofrece es mejor que lo existente.

Sería útil en este momento que examine su actual marketing. ¿Cuán dedicado está usted a comunicar con regularidad un mensaje consistente? ¿Está dispuesto a invertir en su marketing?

Salsas del Paraíso, Juan Carvajal: Hemos tratado de mantener nuestros gastos promocionales al nivel de alrededor del 10% de nuestras ventas proyectadas cada año durante los últimos tres años. Esto ha significado a veces cierta estrechez en el capital circulante, pero ha resultado en un constante flujo de nuevos prospectos en las tiendas de comestibles especializados. El mensaje clave que queremos comunicar a cada nuevo prospecto que contactamos es: proveemos productos 100% naturales a precios competitivos con los de las marcas de tiendas de abarrotes, y los apoyamos con una búsqueda constante de mejores maneras de vender nuestros productos.

Abarrotes Los Cuatro Vientos, José Luis: Nuestra reputación se ha creado sobre la base de que fuimos los primeros en probar nuevos productos étnicos y en respaldarlos con agresivas promociones de pruebas de sabor dentro de la tienda, así como demostraciones de cocina y recetas para llevar a casa. Hemos invertido más para pagar a un redactor y a un dibujante, pero ello ha redituado en mayores ventas. Queremos que nuestros clientes —en su mayoría jóvenes profesionales— sientan que visitar nuestra tienda es divertido.

Preparación para la Práctica Personal #2
Nuestro marketing actual

La Práctica Personal #2 le ofrece la oportunidad de examinar su manera de entender el marketing y determinar dónde usted acaso no está siguiendo las cuatro claves del marketing eficaz.

Práctica Personal #2
Nuestro marketing actual

---

1. En el pasado año, ¿cuánto dinero invirtió en marketing?

   $

2. En comparación, ¿cuánto dinero gastó el año pasado en el vehículo que utiliza para su negocio?

   $

3. Anote, mes por mes, cualquier investigación de merca-
    do importante o cualquier actividad promocional im-
    portante que haya realizado el año pasado.

    Enero

    Febrero

    Marzo

    Abril

    Mayo

    Junio

    Julio

    Agosto

    Septiembre

    Octubre

    Noviembre

    Diciembre

4. Yo soy un extraño que le pregunta cuál es su mensaje
    de marketing. ¿Qué me contestaría?

5. ¿Tiene su publicidad escrita de promoción de ventas un
    tema único?

    Sí (   )   No (   )

6. Si es así, ¿cuál es su tema?

7. ¿Utiliza un diseño, papel y color consistentes para uni-
    ficar sus mensajes?

    Sí (   )   No (   )

8. ¿Ha entrenado a todos sus empleados para que den la
    misma versión promocional de su negocio?

    Sí (   )   No (   )

Seguimiento de la Práctica

1. Evalúe si su nivel de inversión en marketing lo mantiene en contacto con sus clientes con la frecuencia que usted desea.
2. Examine de nuevo cuán bien se conjuntan sus materiales de promoción de ventas. ¿Presentan una apariencia e historia fluida y coordinada?
3. Determine cuán bien trabaja dentro de un calendario de eventos de marketing.¿Es usted realista en cuanto al tiempo necesario para lanzar una nueva campaña de marketing al mercado?
4. Evalúe cuán bien está contribuyendo cada empleado a que exista una comunicación de marketing exacta y atractiva. ¿Se requerirá más capacitación?

Impulso del mercado

Cuando primero se indaga con el cliente qué es lo que quiere y luego se procede a hacer un producto o servicio que satisfaga sus necesidades, se está llevando a cabo una estrategia de marketing conocida como "impulsada por el mercado". Incluso los bancos han entendido este cambio; pensemos en las innovaciones que han surgido en esta área en los últimos diez años: cajeros automáticos. Horarios durante los fines de semana. Sucursales en toda la ciudad. Servicios telefónicos. Cuentas de cheques que devengan intereses. La desrregulación bancaria condujo a un aumento en la competencia, lo que a su vez ha llevado a adoptar una actitud marcadamente más en pro del cliente.

Abarrotes Los Cuatro Vientos

Abarrotes Los Cuatro Vientos, José Luis: La venta de alimentos al por menor bien puede representar la esencia de una compañía impulsada por el mercado. Nosotros no elaboramos ninguno de los productos que vendemos, somos simplemente el conducto entre el fabricante del alimento y el consumidor del mismo. Debido a que los alimentos son un consumo tan personal, la actitud de la gente hacia cualquier alimento en particular puede modificarse de forma inesperada según se vaya transformando su punto de vista sobre los cambios en la vida. El alimento es una recompensa y un sustento a la vez. A la gente le gusta recibir entretenimiento junto con su comida. En nuestra tienda nos esforzamos para combinar la información útil sobre la salud con la variedad y un sentido del espectáculo mediante pruebas de comida, clases de cocina y demostraciones de expertos. Consideramos que nuestro reto es la creación de una experiencia de adquisición de alimentos que resulta en una manera de levantar los ánimos del cliente, y no de producirle un dolor de cabeza. Para lograr esto con eficacia, frecuentemente hacemos encuestas con nuestros clientes: mediante el correo directo, cuestionarios dentro de la tienda, la revisión de nuestras demostraciones y, algo muy importante, la lectura del contenido de nuestro buzón de sugerencias.

Preparación para la Práctica Personal #3
¿Está impulsado por el mercado su negocio?

Si no lleva a su compañía de forma impulsada por el mercado, lo más probable es que sus competidores sí lo estén haciendo. Examine lo que está haciendo en la actualidad. La Práctica Personal #3 le servirá para evaluar cuán bien está tomando en consideración las necesidades y deseos del cliente antes de embarcarse en la introducción de nuevos productos o servicios.

Como preparación para la Práctica Personal #3, examine cómo el empresario Juan Carvajal completó este ejercicio:

Práctica Personal #3
¿Está impulsado por el mercado su negocio?

1. ¿Lleva a cabo alguna investigación sobre las necesidades del cliente antes de diseñar un nuevo producto o servicio?

   Sí (**X**)   No ( )

1a. Si no lo hace, ¿por qué?

2. ¿Puede relacionar directamente las características de su producto o servicio con las necesidades documentadas del cliente?

   Sí (**X**) No ( )
   Si contestó Sí, escoja un producto para las Preguntas 2a-2c.

2a. ¿Cuál producto/servicio?

   Salsa Jamaiquina Salsa Trueno

2b. ¿Cuál característica?

   Dos presentaciones: levemente picante y "al rojo vivo".

2c. ¿Cuál necesidad?

   La investigación sobre el cliente reveló que el mismo consumidor deseaba la presentación más leve para servirla a sus invitados y la presentación más picante para su propio uso.

3. ¿Con qué frecuencia hace estudios sobre la satisfacción de sus clientes?

   Para nuestros clientes-proveedores, al menos cada trimestre; para nuestras cuentas al por menor, dos veces al año para la planificación principal de promociones. En cada entrega para problemas de marketing cotidianos.

3a. ¿Cómo lleva esto a cabo?

Mediante reuniones formales semianuales y conversaciones informales en la tienda entre nuestro personal de distribución y nuestros clientes.

4. ¿Solicita de forma rutinaria las sugerencias del cliente?

Sí (**X**)   No (   )

5. Si contestó Sí, ¿cómo lo hace?

De diversos modos: llamadas telefónicas a los gerentes de las tiendas; interacción personal entre nuestros repartidores y el personal de almacén de la tienda. Con frecuencia ellos detecten problemas y oportunidades mucho antes que el gerente de la tienda.

6. ¿Mantiene registros detallados sobre los antecedentes del cliente, sus necesidades y comentarios hechos en el pasado?

Sí (**X**)   No (   )

7. ¿Capacita a todos sus empleados para la venta de nuevos productos o servicios?

Sí (**X**)   No (   )

8. ¿Ha proporcionado a sus empleados las políticas por escrito sobre el manejo de las quejas de clientes y solicitudes de devolución?

Sí (**X**)   No (   )

9. Si contestó Sí, ¿utiliza dichas quejas para mejorar su producto o servicio?

Sí (**X**)   No (   )

Práctica Personal #3
¿Está impulsado por el mercado su negocio?

1. ¿Lleva a cabo alguna investigación sobre las necesidades del cliente antes de diseñar un nuevo producto o servicio?

    Sí ( )   No ( )

1a. Si no lo hace, ¿por qué?

2. ¿Puede relacionar directamente las características de su producto o servicio con las necesidades documentadas del cliente?

    Sí ( ) No ( )
    Si contestó Sí, escoja un producto para las Preguntas 2a-2c.

2a. ¿Cuál producto/servicio?

2b. ¿Cuál característica?

2c. ¿Cuál necesidad?

3. ¿Con qué frecuencia hace estudios sobre la satisfacción de sus clientes?

3a. ¿Cómo lleva esto a cabo?

4. ¿Solicita de forma rutinaria las sugerencias del cliente?

    Sí ( )   No ( )

5. Si contestó Sí, ¿cómo lo hace?

6. ¿Mantiene registros detallados sobre los antecedentes del cliente, sus necesidades y comentarios hechos en el pasado?

    Sí ( )   No ( )

7. ¿Capacita a todos sus empleados para la venta de nue-
    vos productos o servicios?

    Sí ( )   No ( )

8. ¿Ha proporcionado a sus empleados las políticas por es-
    crito sobre el manejo de quejas de clientes y solicitudes
    de devolución?

    Sí ( )   No ( )

9. Si contestó Sí, ¿utiliza dichas quejas para mejorar su pro-
    ducto o servicio?

    Sí ( )   No ( )

Seguimiento de la Práctica

1. Reconozca si lleva a cabo investigación de mercado
   en forma regular. Si es así, ¿cómo la organiza para
   obtener el resultado más benéfico?
2. Examine qué tan bien anima a sus clientes a que
   hablen y qué tan bien les escucha. Por ejemplo, ¿puede identificar un éxito sustancial del año pasado que
   provino de recibir información específica de sus
   clientes?
3. Evalúe hasta qué punto logra que sus clientes se
   sientan apreciados.

La selección de sus clientes

Muchas personas se convierten en empleados de sí mismos para alcanzar la sensación de libertad que surge de
ser su propio patrón. Es verdad que con frecuencia se
obtiene un mayor control sobre su propia vida al trabajar en forma independiente. Pero nunca hay que confun-

dir la esencia de un negocio exitoso: sus clientes se convierten en sus nuevos patrones. Su objetivo consiste en ganar su confianza, y de ahí, disfrutar la ayuda que le dan.

Existen sólo dos formas de conseguir dinero para su negocio: pedir prestado o generarlo de las ventas a clientes. Y, a menos que tenga "bolsillos muy grandes", sin duda preferirá la segunda opción.

El marketing eficaz se concentra en descubrir las necesidades no cubiertas del cliente y concentrarse como rayo láser en satisfacerlas todos los días, sin que importen todos los otros problemas que usted enfrenta. ¡Es tan sencillo como mantener contento al patrón!

No obstante, hay que asumir cierta precaución al planificar su estrategia de marketing para satisfacer estas necesidades. Toda actividad de marketing conlleva un costo, y en ocasiones éste es demasiado alto en relación con el precio de venta como para que sea suficientemente atractivo llevarla a cabo.

Es con base en la técnica del ensayo y error que aprendemos a balancear la satisfacción del cliente con las ganancias. No hay una sola fórmula que funcione siempre. Se mezclan las ventas donde la ganancia se reduce al mínimo con las ventas de ganancias fabulosas y aquellas con resultados promedio. Para el marketing eficaz de la pequeña empresa, la flexibilidad es la clave: ¡nunca fije sus políticas sobre cemento!

Uno de los mayores atractivos de ser dueño o gerente de una pequeña empresa es que, hasta un grado bastante alto, usted puede seleccionar a sus clientes, escogiendo de esta forma a su patrón. La estrategia de marketing es la que hasta un grado bastante alto determina con cuáles clientes se queda uno. Usted tiene el poder de crear estrategias que den como resultado el tipo de cliente que desea. Claro está que cierto tipo de negocios se conocen por su estilo rudo y agresivo de operar, como los de la venta de acero o productos químicos o la cobranza de cuentas por pagar. En estas industrias se espera que uno sea rudo, ¡así que conste que le avisamos!

Muchos dueños de negocios se concentran solamente en la capacidad del cliente para generar flujo de efectivo. Si los busca, hay muchos otros beneficios importantes que puede obtener de sus clientes.

Entre éstos podemos incluir nuevos conocimientos, la oportunidad de cometer errores al probar las nuevas técnicas, y la oportunidad de tener acceso a círculos sociales de negocios adonde no puede entrar por sí solo. Dedique un poco de tiempo a reexaminar su base actual de clientes para determinar cabalmente los beneficios que pueden representar. Pregúntese: ¿Estamos tomando ventaja de todo lo que podemos?

Tres son los tipos de clientes que usted requiere:
1. **Los que le ayudan a equilibrar el flujo de sus ingresos**
2. **Los que le ayudan a mejorar sus capacidades**
3. **Los que le ayudan a responder ante los cambios en el negocio**

¿Qué significa esto para su negocio?

A usted le gustaría que todos sus clientes fueran asiduos. Pero la verdad es que, dada una serie de factores en los negocios de éstos, el patrón de sus pedidos puede resultar altamente impredecible. Para algunos, por mucho que usted haga, nunca parece suficiente. Otros son muy rígidos en sus calendarios, aunque la demora se deba a ellos.

Lo que debe buscar como objetivo de ventas es un grupo de clientes con un patrón de compras predecible, que aprecien lo que usted haga por ellos (y se lo digan a los demás) y que estén dispuestos a ceder un poco en esas raras ocasiones en las que usted tenga demasiado trabajo al mismo tiempo. Éstos son los clientes que componen su mercado objetivo y los que más se benefician de su nicho de servicio o producto. Y sólo los encontrará si elabora un plan para buscarlos.

Tres tipos de clientes

Una de las razones clave por las que la pequeña empresa tiene gran éxito al competir con compañías mucho más grandes es que sus dueños son frecuentemente los primeros en adoptar las nuevas capacidades y tecnologías. Entre los ejemplos tendríamos las paginadoras alfanuméricas, las computadoras portátiles, las tiendas de buzón de correo, etc. No importa cuán "sintonizado" crea uno estar, no se puede estar en todas partes al mismo tiempo. Sus clientes le pueden ayudar a mantenerse al día.

Hay dos tipos de clientes que pueden marcar la gran diferencia en mantenerle bien informado: los que representan un reto y los que le permiten aprender sobre la marcha. No les tema a aquellos que le desafían y cuyas demandas requieren conocimientos que usted aún no ha logrado. Los puede lograr. La vida es mucho más agradable si avanzamos mentalmente de forma regular.

Considere, asimismo, a los clientes que le dan la oportunidad de aprender a manera de educación continua. Ellos también quieren aprender con usted a través de la comunicación que mantienen. Lo llevarán a fuentes de información sobre los nuevos desarrollos dentro de su industria, como las exhibiciones de comercio especializado, boletines, revistas del ramo e informes de las asociaciones del ramo.

El tercer tipo de cliente que buscamos es el de los líderes en su línea: a quien los demás acuden en busca de información. Para lograr estas relaciones, se requiere de una base de clientes que sea tan ancha y diversificada como sea posible. Tener una base diversificada significa atender a una amplia gama de necesidades del cliente. Por ejemplo, un consultor en computación que vende un programa "del anaquel", lo ajusta, recomienda cambios de equipo y de sistema y conecta el equipo, puede satisfacer las necesidades de una gama de usuarios finales. Es posible conocer a personas con las que interese mantenerse en contacto mediante actividades ajenas al negocio, como puede ser la liga infantil de béisbol. Otros pueden pertenecer a su grupo de trabajo comunitario. Pero cuidado: atender una base demasiado diversificada de clientes puede hacerle perder la concentración en su concepto de negocios principal.

Una empresa saludable requiere de los tres tipos de clientes, pero mantener a todos contentos exige una estrategia flexible en términos de utilidades. Por ejemplo, usted puede dar consultoría sin costo a algún cliente en particular porque considera que el resultado se puede aunar a otros logros como ejemplo de su capacidad.

Conciencia de quién es el cliente

Un enfoque de marketing basado en la selección de clientes demanda que todos y cada uno de los empleados estén concientes de quiénes son los mayores clientes, sepan algo sobre lo que compran y tengan la capacidad de responder a preguntas básicas o saber a quién recomendar para ello. Una pequeña empresa no se puede permitir el lujo de tener un empleado que "sólo contesta el teléfono".

Por ejemplo, una pequeña firma de contabilidad en el sur de Wisconsin contrata a una gerente de oficina para que ayude en las operaciones cotidianas. Entre sus responsabilidades está el marketing, el cual hasta ahora ha consistido en preparar folletos y anuncios para la sección amarilla y el periódico de la localidad.

Durante su primera semana de trabajo, la gerente de oficina se percata de que la secretaria de la compañía no responde el teléfono con prontitud. Cuando por fin contesta, lo hace de forma cortante, como si considerara que la llamada fuera una interrupción. La sobrecargada secretaria también se encarga de la facturación, pero debido a todas sus demás tareas, son frecuentes los errores en esta área. Las facturas se envían en pequeñas formas, escritas en un tipo de código que aparentemente sólo comprende la secretaria. Los clientes se quejan de que no pueden leer ni comprender sus facturas.

¿Qué tienen estas cosas que ver con el programa de marketing de una firma de contabilidad? ¡Todo! Los bellos folletos que prepara la gerente de oficina pueden llamar la atención de posibles clientes, pero éstos huirán después de la primera llamada que hagan a la empresa... o de recibir su críptica factura.

Lo que usted no haga puede influenciar a qué clientes selecciona tanto como lo que hace.

Salsas del Paraíso, Juan Carvajal. Ha resultado un verdadero reto mantener un balance de clientes. Como resulta casi imposible introducir nuestros productos en las principales cadenas de abarrotes, nuestra meta son los abarroteros independientes, especialmente las tiendas de comida, los restaurantes, los envíos por correo y los programas de incentivos para el personal. A veces, si un cliente de una categoría dada en una ciudad dada nos compra, sus competidores se rehúsan a hacer lo mismo. Tenemos que esforzarnos constantemente por demostrar que nuestro servicio es tan sobresaliente que no hay tienda que se pueda permitir no incluirnos en su línea de productos.

Abarrotes Los Cuatro Vientos, José Luis: Mi ubicación es vital para mi mezcla de clientes. Aunque pago más renta de lo que me gustaría, nuestra proximidad a una universidad privada importante nos da un grupo de clientes muy diverso. Sin embargo, son personas muy educadas y, por tanto, más exigentes. Si en una sola ocasión no disponemos en el almacén de su refrigerio favorito, amenazan con irse a otra tienda. Afortunadamente para nuestro margen de ganancia, estas personas también son grandes compradores compulsivos, generalmente de productos que aportan grandes márgenes de provecho para nosotros.

Preparación para la Práctica Personal #4
Nuestra familia actual de clientes

En la Práctica Personal #4 se explora la mezcla de clientes de la que su negocio goza en la actualidad.

Práctica personal #4
Nuestra familia actual de clientes

1. ¿Qué porcentaje de sus clientes representa el 80% de sus ventas?

    _____%

1a. Haga una lista de sus clientes clave (o incluya una impresión en computadora de la misma).

2. En promedio, ¿cuántas veces le compró el típico cliente de este grupo el año pasado?

3. ¿Qué podría hacer para obtener un solo pedido más de cada uno de ellos este año?

4. ¿De qué nuevas destrezas, técnicas o tecnología lo enteraron sus clientes el año pasado?

5. En específico, ¿cuáles fueron los clientes que le aportaron estos nuevos conocimientos?

6. ¿Cómo hace para encontrar un cliente "rico en conocimientos"?

7. Cuando quiere enterarse de lo último en su negocio, ¿a qué clientes acude?

8. ¿Cuáles son los métodos para mantener relación con líderes de negocios que usted considera más apropiados (contacto personal, boletines, la red, etc.)?

9. ¿Qué métodos de comunicación ha estado queriendo probar?

Seguimiento de la Práctica

1. Examine cuáles son los clientes que verdaderamente mantienen en funciones su negocio. ¿Muestra usted su aprecio por ellos? ¿Los involucra en la recomendación de nuevos clientes?

2. ¿Puede resaltar un éxito de venta del año pasado resultado del conocimiento que aportó un cliente? Si no, piense en maneras para acceder mejor a la información de mercado proveniente de sus clientes.

3. Revise métodos de comunicación de marketing que aún no ha intentado, pero que le gustaría hacerlo.

PARTE DOS:
Investigación de mercado:
hágalo usted mismo

Una vez que haya diagnosticado la condición actual del marketing de su compañía, quizá se dé cuenta de que se necesita información adicional.

La investigación de mercado es el proceso de recolección de la información sobre su(s) mercado(s) objetivo. Aunque parezca tan sencillo, muchas personas tienen una concepción equivocada sobre este proceso debido a las múltiples formas que puede tomar.

La investigación de mercado es un esfuerzo planificado y organizado para obtener los datos que ayuden a tomar mejores decisiones de negocio. Puede resultar un asunto complejo, caro y tardado, pero lo normal es que sea directo y sencillo. La investigación de mercado no requiere necesariamente miles de encuestas y estadísticas sofisticadas para darle las respuestas que usted necesita para solucionar problemas del negocio de una manera rápida y barata. Por ejemplo, si usted lee regularmente los anuncios de la competencia publicados en los periódicos, está llevando a cabo una investigación de mercado. ¿Qué le parece esto en cuanto a rápido y barato?

¿Por qué la investigación?

El primer paso al llevar a cabo una investigación de mercado es averiguar qué es lo que desea saber. Sea específico. ¿Qué es lo que pretende lograr con su esfuerzo de investigación? ¿Qué es lo que necesita saber y por qué?

Una manera fácil de evaluar la necesidad de la investigación de mercado es anotar los puntos en una hoja de papel.

- ¿Cuál es el problema?
- ¿Involucra la selección de productos, el servicio al cliente, la capacitación, la ubicación, la publicidad o cualquier otro tema?
- ¿Cuáles son las posibles soluciones?
- ¿Qué información necesita para poder decidir? ¿Le ayudarán a optar por una opción las actitudes de los clientes? ¿Requiere información sobre la competencia?

Cuando haya identificado el problema, las posibles soluciones y la información que requiere, estará en disposición para iniciar la investigación de mercado.

Salsas del Paraíso, Juan Carvajal: Uno de mis problemas de marketing más presionantes en la actualidad —aún sin resolver— es cómo introducir nuestros productos en los sitios de mercado incentivados y de primer nivel. El empaque especial que exigen las grandes corporaciones nos puede costar bastante dinero. No me puedo permitir tomar ese riesgo hasta saber más sobre los patrones de pedidos de la industria, los márgenes de ganancia promedio, los requisitos para los materiales de promoción de ventas, y otros datos importantes.

Abarrotes Los Cuatro Vientos, José Luis: Los márgenes de ganancia de mi empresa se están reduciendo por el nuevo tipo de tiendas de "alimentos naturales" que empiezan a extenderse por mi territorio de ventas. Aunque su variedad de comida étnica es mucho más limitada que la mía, los precios de ciertos artículos clave son más bajos que los míos. Lo que requiero saber es qué tan leales son nuestros clientes a nuestros servicios especiales, en los que se incluyen demostraciones de cocina, pruebas de sabor y pedidos especiales.

Preparación para la Práctica Personal #5
¿Cuál es mi problema?

La Práctica Personal #5 le ofrece la oportunidad de describir algunos problemas de marketing para cuya solución requiere usted de ayuda.

Práctica Personal #5
¿Cuál es mi problema?

Problema de Marketing #1:

Problema de Marketing #2:

Información requerida - Problema #1:

Información requerida- Problema #2:

Seguimiento de la Práctica

1. Con frecuencia el paso más pospuesto en la investigación de mercado es definir el problema. Pero, si lo piensa bien, usted sabe cuáles son los problemas, aunque todavía no conoce las soluciones. Esta práctica es una guía para la definición del problema.

2. Una vez que lo haya definido, podrá usar sus recursos existentes, incluyendo otros clientes, sus proveedores, su banco, etc., para definir la información requerida para su solución. Cuando tenga la información que necesita, estará listo para iniciar su investigación de mercado.

Tipos de investigación

Investigación informal

Los dueños/gerentes de empresas pueden obtener información sobre marketing de diversas formas. El método suele ser sencillo: no se requiere de ninguna bola de cristal ni un grado avanzado de estudios. Consideremos el ejemplo de un restaurante que pide que sus clientes dejen sus tarjetas de presentación en una pecera vacía al salir. Esta sencilla práctica puede ayudar a comprender cuál es su área de mercado.

Los clientes dejan sus tarjetas para participar en una rifa semanal y ganarse una comida gratis. Para un restaurante, una comida gratis es un precio bajo por toda la información de mercado contenida en la pecera. Mínimamente, estas tarjetas aportan al negocio:

- los nombres de los clientes
- sus puestos en el trabajo
- sus patrones
- sus números telefónicos

¿Qué utilidad tiene tal información? Las direcciones muestran la distancia que el cliente tiene que recorrer para comer ahí. El dueño del restaurante puede graficar su territorio de mercado y decidir dónde colocar la publicidad. Puede optar por un cartel hacia la mitad de esa área o por colocar su publicidad en el costado de un autobús que pase por el rumbo. Podría también producir volantes o cupones para distribuirlos en los centros de oficinas donde laboran sus clientes.

Rastreo de la información del cliente

Como podrá constatar, obtener información sobre el mercado puede ser sencillo y valioso. Lo que sigue son algunas fuentes clave de información sobre sus clientes:

Cheques y recibos de servicio. Usando las direcciones y códigos postales de los clientes o un mapa de las calles, los dueños/gerentes pueden:

- enterarse de la distancia que sus clientes recorren para llegar a sus negocios
- obtener indicaciones sobre sus ingresos y estilos de vida
- utilizar esas indicaciones para determinar cuáles son los productos o servicios que debe ofrecer
- basar las decisiones de publicidad en esta información:
  * dónde colocar los anuncios al aire libre
  * cuáles periódicos usar
  * cuáles estaciones de radio y televisión llegarán más fácilmente al cliente
- usar las direcciones de los clientes en una lista de correos para enviar folletos por correo directo o para colgar cupones de ofertas en las perillas de sus puertas

Los negocios como las gasolineras y los talleres de reparación de automóviles pueden obtener mucha información sobre el cliente por las placas de sus vehículos. Si en su estado no se dan las direcciones provenientes de las placas, los empresarios pueden obtenerlas de la R. L. Polk & Company de Detroit, Michigan por una pequeña cuota.

Registros de crédito. Incluyen las direcciones, además de las ocupaciones e ingresos de los clientes. Estas y otras fuentes de obtención de información pueden ayudar a los dueños de las empresas a medir la capacidad y el interés del cliente por adquirir ciertos productos y a idear cuáles tácticas de marketing funcionarán mejor.

Registros de quejas. La mayoría de los negocios disponen de alguna forma de registrar las quejas de los clientes. Toda queja registrada se debe tomar con seriedad

como parte del buen negocio. Como fuentes de información sobre el mercado, las quejas de los clientes pueden
detectar:

- problemas de servicio
- productos de mala calidad
- vacíos en el inventario
- inconveniencias en la distribución del negocio, la
  ubicación y el estacionamiento

Preguntas y sugerencias de los clientes. Los clientes no
solamente se ponen en contacto con un negocio para que-
jarse. A veces tienen preguntas sobre un producto o servicio. También es posible que tengan sugerencias. Otros
incluso querrán alabar algún producto o a un empleado
por su buen trabajo. Estos contactos del cliente también
son una buena fuente de información de marketing.

Empleados. Las conversaciones informales con los empleados pueden suministrar una visión interna realista
sobre un negocio. Los empleados pueden señalar puntos buenos y desventajas, especialmente cuando traba-
jan con el cliente a diario.

Clientes. Además de la información que obtienen preguntando a los clientes lo que les gusta y lo que no les
gusta del negocio, los dueños/gerentes pueden establecer una relación de buena voluntad. A los clientes les
agrada saber que el dueño del negocio valora y agrade-
ce sus opiniones.

- **Observación de las personas**. Los dueños/geren-
  tes de los negocios pueden observar:
  * la edad de sus clientes
  * cuántos acuden al negocio con menores de edad
  * qué tipos de clientes asisten a diferentes horas
    del día
  * qué tan antiguos son los clientes

* un cálculo de su nivel de ingresos
* su profesión
* otras características aplicables

Investigación secundaria

Los datos o investigación secundarios se refieren a información obtenida por alguien más y disponible en forma impresa. Se puede encontrar en libros, publicaciones periódicas, o en bases de datos computarizados en red.

Para empezar, la información secundaria está disponible con facilidad. Ubicarla puede resultar tan sencillo como acudir a la biblioteca. Es de bajo costo y ahorra tiempo y dinero al suministrar a los dueños del negocio información que de todos modos tendrían que obtener por su cuenta. Por otra parte, si alguien más reúne la información que requiere para solucionar sus propios problemas de marketing, puede resultar todo un ejercicio de paciencia ubicar la información que se aplique directamente a su negocio.

¿Por dónde empezar? En la biblioteca pública o, mejor aun, en la de una preparatoria o universidad cercana, seguramente encontrará datos útiles. Lo mejor será acudir a una biblioteca escolar especializada de una universidad importante.

Existen varias publicaciones que son buenas referencias generales para iniciar una búsqueda de información:

El Business Periodical Index (**BPI**) es una guía de artículos publicados en las editoriales de negocios sobre diversos temas. Incluye publicaciones generales como *Business Week*, el *Wall Street Journal*, *Forbes* y *Fortune*. Incluye también referencias de ciertas publicaciones de diversos ramos e industrias, como *Advertising Age*, *Chain Store Age* y *Progressive Grocer*.

Versión computarizada del *Business Periodical Index*. Los usuarios teclean palabras clave que resumen el tema que les interesa, de tal forma que los investigadores deben centrarse en lo que quieren averiguar y por qué. Cuanto más específicas sean las palabras, mejor. Es probable que los términos demasiado generales produzcan tantas referencias que el investigador quede abrumado.

El *Standard Industrial Classification (SIC) Manual*, publicado por la Secretaría de Comercio de los Estados Unidos, también puede llevar a los investigadores en la dirección correcta para localizar información sobre las empresas y sus mercados. Aquí se requiere un breve curso sobre el sistema de codificación del SIC. Los códigos SIC conducen al investigador a la información industrial, que se inicia con dos dígitos. Cuanto más específica sea la información disponible, aparecerán más dígitos.

20 Productos alimenticios
202 Productos lácteos
2022 Quesos

Census Bureau. El mayor editor de información en los Estados Unidos, el Buró del Censo no sólo aporta datos sobre las características regionales de la población, sino también sobre la actividad empresarial y económica. Los dueños de negocios encontrarán valiosa información sobre sus competidores, clientes y área de mercado examinando publicaciones como *Census of Housing* (vivienda), *Census of Service Industries* (servicios), *Census of Retail Trade* (comercio al menudeo) y *Census of Manufacturers* (producción).

Los organismos gubernamentales estatales y locales también publican información sobre la actividad empresarial y sus tendencias. Las Secretarías estatales de Comercio y Desarrollo frecuentemente conducen estudios con la meta de atraer nuevos negocios; esta información suele estar disponible al público. Las comisiones locales de planificación y los grupos de reconstrucción de las zonas centrales de las ciudades, publican también informes de este tipo. Las Cámaras de Comercio proveen información sobre la comunidad y sus negocios.

 La *Encyclopedia of Associates* es una colección de múltiples volúmenes de guías de referencia con listas de todas las asociaciones de comerciantes conocidas en los Estados Unidos; incluye direcciones, teléfonos y una descripción de sus actividades. Una sencilla llamada telefónica al bibliotecario(a) de cada una puede generar información de gran utilidad.

 **Las Bases de datos computarizadas como CompuServe, Dow Jones y Dialog** son algunas de las bases disponibles a las cuales los investigadores pueden acceder por el módem de su computadora. Debido a que las bases cobran por minuto, es mejor afinar la investigación antes de iniciar la búsqueda. Por ejemplo, si un investigador pide información sobre "publicidad de minoristas", la respuesta puede muy bien ser abrumadora... y muy cara. Limitar la investigación a un negocio específico reducirá su costo, aportando exclusivamente los datos más pertinentes.

Investigación primaria

Aunque la recolección informal de información y datos secundarios es útil, este tipo de investigación de mercado no siempre suministra las respuestas que usted precisa. El siguiente paso es la investigación primaria, la recolección de nuevos datos que provean información específica para su negocio.

Hay dos formas de recolectar los datos primarios. La investigación cuantitativa por lo general consiste en hacer preguntas estructuradas, usualmente mediante formatos de cuestionarios, a una gran cantidad de personas, y usar la estadística para sacar conclusiones. Por otra parte, la investigación cualitativa involucra a pequeños grupos en un entorno informal y no estructurado.

Investigación cualitativa

Los métodos cualitativos pueden suministrar toda la investigación de mercado que requiera un negocio. Pero también sirven como entrada a técnicas cuantitativas más formales.

PSI Los miembros de un grupo de control reciben generalmente una compensación económica por su tiempo, desde una comida o un pequeño obsequio, hasta cientos de dólares, dependiendo de la duración y el propósito de la sesión. Dada esta práctica, conviene que los investigadores de marketing seleccionen a los participantes en estos grupos para eliminar a los "respondedores profesionales". Preguntar a los prospectos si han participado en alguna investigación en los últimos tres meses, deberá servir como una protección eficaz de los servicios de un moderador con experiencia. El trabajo de éste consistirá en asegurarse de que todos los participantes respondan al tema que se esté tratando.

Por ejemplo, un negocio puede formar un grupo de control para ayudarse a preparar un cuestionario formal.

La investigación cualitativa también se usa para ayudar a las empresas a medir las necesidades e intereses de su clientela. La idea del jabón para manos en un recipiente de bomba, por ejemplo, salió de las sesiones de investigación informales durante las cuales las amas de casa se quejaron de los engorrosos jabones de barra y sugirieron la creación de un jabón líquido en un recipiente de fácil uso.

- Los **Grupos de control** representan el método más común de la investigación cualitativa. Un grupo típico consiste en seis a 12 clientes, generalmente con antecedentes similares, que hablan sobre un tema específico. Un moderador guía la conversación para enfocar la atención en el tema acordado. El ambiente y el tono informales ayudan a obtener opiniones francas. Normalmente la actividad de los grupos se graba, bien sea en audio o en vídeo.

  Una de las principales ventajas de los grupos de control es que los participantes pueden responder lo que quieran, en vez de simplemente contestar sí o no en una encuesta. A esto se debe que muchas empresas los usen para determinar cuáles preguntas hacer en la investigación cuantitativa. En muchas encuestas se comete el error de creer que las preguntas que se hacen abarcan los temas que más interesan a los clientes.

Lo que los grupos de control deben y no deben hacer

- Los grupos de control no son a prueba de fallas. Debido a que únicamente se involucra a un pequeño grupo de personas, es posible que sus respuestas no representen a la mayoría de los clientes. Las empresas que quieran asumir decisiones importantes de marketing, no deben depender exclusivamente de estos grupos en sus investigaciones. Además, la empresa se debe encargar de reclutar a los miembros de los grupos.

- Para provocar una buena respuesta, vale la pena encontrar participantes de edad y antecedentes similares. Una mujer mayor, por dar un ejemplo, dudará en hablar si está en un grupo dominado por estudiantes universitarios. Si la meta es obtener distintas opiniones, quizá la mejor forma de lograrlo sea formando varios grupos.
- Es frecuente que los grupos de control tengan al menos un sabelotodo. Aquí es donde se justifican los servicios de un moderador experimentado, cuyo trabajo consiste en asegurarse de que todos los participantes respondan y hablen sobre el tema en cuestión.

Puede resultar una opción más económica contactar al departamento de marketing de alguna universidad o escuela superior. Es posible que estén dispuestos a llevar a cabo la encuesta como proyecto propio, cobrando lo mínimo o incluso nada.

Investigación cuantitativa

Aunque la investigación cualitativa puede aportar puntos muy valiosos, sus hallazgos quizá no se apliquen a todos los clientes. Cuando a una empresa le interesa obtener puntos de vista más representativos, su herramienta debe ser la investigación cuantitativa.

Este tipo de investigación reúne la información mediante una encuesta aplicada a muchos participantes. Los tres principales métodos de encuesta son:

- entrevistas telefónicas
- encuestas por correo
- entrevistas personales

Cada una tiene sus ventajas y desventajas.

Encuestas por teléfono

Es el método más común, principalmente porque los números telefónicos son fácilmente accesibles y es fácil marcar de forma aleatoria. Otra ventaja es que los encuestadores pueden obtener información muy detallada de los respondedores en poco tiempo.

Sin embargo, las entrevistas por teléfono tienen sus desventajas. Aunque las personas responden de manera natural a un teléfono que esté timbrando, pueden terminar la encuesta fácilmente con sólo colgar la bocina. Es posible que los encuestados no estén en casa cuando el encuestador llame o que usen la contestadora para controlar las llamadas.

Lo bueno y lo malo de las encuestas telefónicas

Ventajas
- Flexibilidad
- Resultados rápidos
- Cobertura geográfica amplia y veloz
- Bajo costo

Desventajas
- Limitaciones de tiempo (la encuesta ha de ser breve)
- No permiten el uso de ayudas visuales
- Duración limitada
- Limitaciones de las preguntas

PSI

Si los encuestadores utilizan el directorio telefónico para rastrear respondedores, se les van a escapar los clientes con números privados. Esto quizá parezca un problema mínimo, pero dejar afuera a las familias con números no publicados puede tergiversar los resultados de una encuesta telefónica. En ciudades como Las Vegas y Los Ángeles, más de la mitad de todos los números telefónicos son privados. Incluso en ciudades más pequeñas, como Flint, Michigan, una tercera parte de los habitantes se niega a que publiquen su número.

Encuestas por correo

Cerca de una cuarta parte de la investigación de mercado se hace a través del correo. Los investigadores utilizan listas de correos que pueden sacarse de los archivos de la empresa o adquirirse de compañías especializadas. La ventaja primordial de las encuestas por correo es su bajo precio.

Su mayor desventaja es la tasa de respuestas relativamente baja, al comparar la cantidad de encuestas enviadas con la cantidad que llega de regreso. Con frecuencia se requiere de un segundo envío por correo para elevar dicha tasa. Otra desventaja es la falta de control sobre la persona que completa la encuesta. Si a los investigadores les interesa llegar al miembro de la familia responsable de ir a la tienda de abarrotes, pueden pedir hablar con él o ella por teléfono. Pero, en un cuestionario enviado por correo, no pueden estar totalmente seguros de quién llenó la forma.

Lo bueno y lo malo de las encuestas por correo

Ventajas
- Son más fáciles y menos caras que las entrevistas telefónicas o personales
- Son más eficaces con muestras más grandes
- Son el mejor acceso a respondedores difíciles de localizar
- Menos prejuicios de los entrevistadores (aunque las preguntas o la secuencia puede reflejar algún prejuicio del o los autores)

Desventajas
- Frecuentemente se requiere un segundo envío por correo para que sean eficaces
- Tasa de devolución baja
- No hay control sobre quién llena la encuesta

Entrevistas personales

Se trata de entrevistas cara a cara con un propósito. Son diferentes de las pláticas informales con los clientes porque son planeadas y organizadas. Sin planeación, las entrevistas son "pura plática con los cuates".

En las entrevistas personales, los encuestadores siguen una lista fija de preguntas, bien sea en forma de cuestionario o como guía para entrevistas. El formato de su encuesta dependerá de la experiencia del encuestador y el propósito de la encuesta. Cuanto más experiencia tengan los encuestadores, mejor capacitados estarán para "improvisar" con una guía. Pero un cuestionario puede redactarse de forma que parezca lenguaje hablado, permitiendo que la encuesta no caiga en un tono estirado y eliminando al mismo tiempo los posibles prejuicios del entrevistador.

Lo bueno y lo malo de las entrevistas personales

Ventajas
- Flexibilidad (los puntos específicos de la entrevista probablemente cambiarán después de las primeras entrevistas)
- La habilidad para captar y corregir declaraciones confusas o aparentemente contradictorias
- El potencial de obtener información más detallada
- La posibilidad de mostrar dibujos, vídeos o productos en sí
- El beneficio de que el entrevistador puede observar las respuestas
- Aumenta la participación de los entrevistados
- Existe la oportunidad de ahondar en busca de más información

Desventajas
- Más costosas que las encuestas por correo o telefónicas
- El resultado depende de entrevistadores que tengan buena capacidad de ventas

Cómo determinar una muestra

Se denomina muestra al grupo de respondedores que un entrevistador está encuestando. Las encuestas tratan de llegar a una muestra cuyas opiniones sean un reflejo de los mercados objetivo de la empresa. Los dueños/gerentes deben responder esta pregunta:

¿Son las opiniones de estos respondedores suficientemente parecidas a las de nuestros clientes como para que podamos basar una importante toma de decisión empresarial en esta encuesta?

Mucha gente se muestra escéptica acerca del concepto de que una pequeña muestra de respondedores pueda reflejar las opiniones de una audiencia masiva. La gente mira con desconfianza cómo las redes televisivas aseguran que pueden determinar a los ganadores de las elecciones después de encuestar a alrededor de 500 votantes. ¿Cómo es posible hacer una predicción exacta basándose en tan pocas opiniones? Lo único que hacen los medios masivos de comunicación es tomar la preferencia de voto de una muestra.

Estos ejemplos sirven para ilustrar cómo funciona el muestreo. Usted decide ir a nadar en una calurosa tarde del mes de agosto. Pero, antes de tirarse un clavado, quiere saber qué tan fría o caliente está el agua. Sumerge el pie para probarla. No es preciso que se tire de cabeza y nade hasta el otro lado para saber si está helada. Le basta con una muestra.

Lo mismo sucede con el cocinero de pasta, quien no tiene que probar cada tira de spaghetti para saber si está listo; con una o dos piezas basta.

P S I

Para seleccionar el tamaño de la muestra, debe estar consciente de que, en términos generales, si 100 personas responden a la encuesta y la mitad de ellas dan la misma respuesta a una pregunta, el dueño del negocio puede estar 90% seguro de que la muestra representa al grupo objetivo. Si en una encuesta con 500 respondedores, la mitad contesta una pregunta de la misma manera, el grado de certidumbre es de 95%. Ahora bien, aumentar la muestra de 100 a 500 toma mucho tiempo y esfuerzo.

Un lineamiento seguro es que cada subgrupo que se analice tenga un mínimo de 100 unidades. Por tanto, si la meta de una encuesta consiste en medir las opiniones de tres subgrupos y la experiencia nos da como predicción un retorno de encuestas del 5%, la empresa tendrá que mandar seis mil encuestas por correo.

El muestreo es una alternativa práctica para un censo, donde se cuestiona a cada miembro de un grupo. Es más rápido y más barato que un censo y mantiene un alto grado de certidumbre en que las opiniones de la muestra reflejan las del grupo total.

Son tres los pasos para poder determinar la muestra:

1. Decida a qué grupo pretende representar la encuesta. Si el negocio es un taller de refacciones para automóviles, el grupo probablemente estará formado por personas que arreglan sus propios autos.
2. Averigüe cuál es el tamaño de muestra que le dará suficientes respuestas en las cuales poder basar sus decisiones de marketing. La regla es que, cuanto más grande sea la muestra, más confianza puede tener la empresa en que esas opiniones representen las del grupo. El tiempo, el dinero y el método de encuesta tienden a dictar a cuántos respondedores pueden contactar los entrevistadores.
3. Decida si se va usar una muestra de probabilidad o de no probabilidad. Estas últimas no permiten el cálculo de probabilidades de que los hallazgos sean correctos dentro de cierto rango de error dado. A

menudo, los muestreos de no probabilidad se utilizan para la investigación exploratoria o de tipo "rápido y sucio".

Los tipos básicos de muestras de no probabilidad son:

- *Muestras de juicio*, en las cuales los dueños/gerentes de la empresa usan su propio juicio para determinar a quién se debe muestrear (por ejemplo, podrían hacer el muestreo con expertos de la industria).
- *Muestras de conveniencia*, que se centran en los respondedores más convenientes.
- *Muestras de cuota*, con las cuales se asegura que diversos subgrupos del universo estén representados, con las características pertinentes de la muestra, como pueden ser la edad, el empleo o el ingreso.

El muestreo de probabilidad es más científico y objetivo. La muestra se selecciona aleatoriamente, y todos tienen una oportunidad igual y conocida de ser seleccionados. Para seleccionar una muestra de este tipo, los encuestadores deben tener una lista de todo el universo. Los tipos principales de muestras de probabilidad son:

- *Las muestras aleatorias*, en las cuales cada miembro del universo tiene la misma oportunidad de ser incluido (los encuestadores pueden sacar nombres de un sombrero, por ejemplo, o usar una tabla de números aleatorios para seleccionar los nombres de una lista).
- *Las muestras aleatorias estratificadas*, que se sacan de un número de diferentes subgrupos para asegurar la representación de cada uno de ellos.
- *El muestreo sistemático*, en el que se muestrea cada nombre "n" del universo. Los encuestadores empiezan en un punto escogido al azar, ni al principio ni al final de una lista clasificada. Con este método es más fácil sacar la muestra que con el muestreo aleatorio.

Diseño del cuestionario

Imagine que una empresa ha decidido ya cuál método de encuesta va a usar y cuántos respondedores darán la muestra adecuada. Ahora lo único que falta son las preguntas de la encuesta.

La construcción del cuestionario es uno de los pasos más difíciles de la investigación de mercado, aunque muchos piensen que armarlo es fácil. Por eso hay tantos cuestionarios terribles: llenos de preguntas confusas e incomprensibles que casi son garantía de obtener resultados sin valor alguno. Más adelante discutiremos el formato y bosquejo de un cuestionario estándar.

La **pregunta tamizadora**, también conocida como la pregunta calificadora, nos asegura que el respondedor es, en efecto, la persona adecuada para responder a la encuesta. Estas preguntas ayudan a los encuestadores telefónicos o de centros comerciales a determinar si están hablando con una persona que es parte del grupo objetivo.

> *Ejemplo:* Un encuestador de una tienda de refacciones automotrices pregunta: "¿Ha hecho usted mismo alguna reparación de su auto durante los últimos seis meses?". Si la respuesta es "Sí", el encuestador continúa. Si no, recurre al siguiente respondedor.

La **introducción** permite que los respondedores conozcan quién está realizando la encuesta y por qué. Así los respondedores sabrán lo que les espera.

> *Ejemplo:*   una encuesta por correo de un fabrican-
> te de automóviles empieza así: "Su opi-
> nión sobre su BMW y su agencia BMW
> es de gran importancia para nosotros.
> Saber lo que usted piensa nos ayudará
> a cumplir con sus expectativas, ahora y
> en el futuro".

Las preguntas abiertas y las preguntas cerradas constituyen el punto principal de la encuesta.

Las **preguntas abiertas** permiten que el encuestado responda con sus propias palabras, garantizando una variedad en las respuestas, pero dificultando su categorización y el análisis de resultados.

> *Ejemplo:*   Indique una cosa que pudimos hacer
> hoy para mejorar su comida.

Las **preguntas cerradas** dan una selección de respuestas limitada al encuestador.

> *Ejemplo:*   Sí o No: ¿Recomendaría usted su agen-
> cia BMW a un amigo o familiar?

> *Ejemplo:*   Preguntas de opción múltiple: ¿Cuál
> lema prefiere usted para el Refresco
> Lotsafizz? (seleccione UNO)
> ___ Lotsafizz. El nombre lo dice todo.
> ___ Más burbujas por tu dinero.
> ___ Te hará cosquillas en la nariz.

> *Ejemplo:*   Preguntas con respuesta en escala:
> En una escala del 1 al 5, siendo 5 la cali-
> ficación más alta, ¿qué le pareció la pe-
> lícula que acaba de ver?
>
>   1   2   3   4   5

Ejemplo: Preguntas de rango: Por favor califique las siguientes marcas de colas dietéticas. Asigne el número 1 a su primera selección, 2 para la segunda, etcétera.

Marca A ____
Marca B ____
Marca C ____
Marca D ____
Marca E ____

PSI

El error más común que se comete al diseñar los cuestionarios es redactar mal las preguntas. Las preguntas que no están claras dejan al encuestado confundido y producen resultados sin sentido que no sirven para tomar decisiones de mercado. Las siguientes son sugerencias sobre cómo redactar preguntas claras que provoquen respuestas útiles:

- Tome en cuenta el punto de vista del encuestado. Mantenga las preguntas sencillas y concisas. Evite la jerga y los términos técnicos.
- Haga una pregunta a la vez. Las "preguntas de doble cañón" buscan dos opiniones a la vez, logrando confundir a cualquiera. Ejemplo: "¿Fue rápido y cortés el servicio que le dieron hoy?"
- Mantenga las opciones que se "excluyen mutuamente", de tal forma que las respuestas queden en categorías claras y separadas.
- Evite preguntas "cargadas" que lleven implícita una respuesta correcta. Por ejemplo: "¿Con qué frecuencia acude a tiendas de baja categoría como la Miscelánea Centavitos?"
- Mantenga las cosas sencillas. Empiece con las preguntas más fáciles y vaya poco a poco a las más difíciles.
- Deje las preguntas personales para el final.

Las **preguntas demográficas** se ocupan de la edad, el ingreso, el estado civil, el nivel educativo, el valor de la vivienda, etc. Esta información permite que las empresas categoricen las respuestas para asegurarse de que los encuestados correspondan al grupo objetivo. Generalmente se ponen al final porque son personales y hay gente que duda en contestarlas.

> *Ejemplo:* Preguntas demográficas:
> Por favor señale la categoría de edad a la que pertenece:
> ____ Menos de 20
> ____ 20 a 29
> ____ 30 a 39
> ____ 40 a 49
> ____ 50 a 59
> ____ 60 o más

¡Advertencia! Aquí tenemos una regla sencilla para la extensión del cuestionario: cuanto más corto, mejor. No trate de obtener información nada más porque "sería bueno saberlo".

Análisis e interpretación de los resultados de la investigación

El primer paso en el análisis de los datos primarios es "editar" los cuestionarios para asegurarse de que la mayor cantidad de ellos sea útil. Editar consiste en revisar si todas las preguntas se contestaron y todas las páginas se llenaron, y ver si los encuestados tomaron en serio la encuesta. Resumiendo, el proceso de edición asegura que la información esté presente, sea consistente y verídica.

El siguiente paso es la "codificación", donde se da valores numéricos a las respuestas de forma que puedan ser asignadas a grupos. La codificación también sirve para que los datos sean adecuados para su interpretación por computadora.

En la mayoría de los casos, las preguntas más fáciles de precodificar, es decir, codificar antes de la encuesta, son las preguntas cerradas. Así, podrán capturarse rápidamente en computadora. Por lo general, las preguntas abiertas se poscodifican, o bien, se les asigna un valor basado en las respuestas, antes de que puedan ser analizadas.

Una vez que se ha recolectado, editado y codificado la información, se inicia el análisis cuando los dueños/gerentes de las empresas evalúan las respuestas de las muestras encuestadas. El análisis más sencillo consiste en hacer tablas y gráficas. Los análisis suelen ser los primeros resúmenes que se tienen de los resultados de la encuesta.

La *tabulación* presenta simples porcentajes de la forma en que la muestra respondió a las preguntas. La forma más sencilla de tabulación se denomina *distribución de frecuencias* o tabla de frecuencia de una sola dirección. Examina una pregunta a la vez. La tabla que sigue indica el número de encuestados que dieron cada respuesta posible a la pregunta (véase la Tabla 1.1). La mayoría de los proyectos de investigación usan computadoras para generar tablas de frecuencia de una sola dirección para cada pregunta, pero algunas siguen haciendo esta operación a mano.

Haga siempre una prueba previa de la encuesta antes de mostrarla al grupo mayor. Los dueños/gerentes de las empresas deberán preguntar a algunas personas reflejo de la muestra deseada que revisen la encuesta para detectar cualquier error o complicación.

Tabla 1.1. Una distribución de frecuencia
Uso del Cajero Automático por edades

	Valor	Frecuencia	Porcentaje	Porcentaje acumulado
No	0	39%	39%	39%
Sí	1	61%	61%	100
Total	100	100%	100%	

Edad	Valor	Frecuencia	Porcentaje	Porcentaje acumulado
18-34	1	22%	23%	23%
35-54	2	30%	32%	55%
55+	3	42%	45%	100%
Total	94	100%	100%	

El siguiente paso en el análisis de datos es comparar las respuestas pregunta por pregunta. Estas *tabulaciones cruzadas* conforman el núcleo de muchos estudios hechos para grandes corporaciones por parte de importantes empresas de investigación de mercados (véase la Tabla 1.2).

Como un ejemplo de la forma en que se debe interpretar el porcentaje del renglón, podremos ver que del número de personas que respondieron "No" (40), 5% (dos personas) estaba en el grupo de edad de 18 a 34. De los que respondieron "Sí", 37% estaba en el grupo de edad de 18-34. Como ejemplo del porcentaje de columna, podremos ver que de las personas encuestadas pertenecientes al grupo de 18 a 34 años (22), 9% (dos personas) no usan el Cajero Automático. El 91% sí lo usa.

Tabla 1.2. Una evaluación de la tabulación cruzada
Uso del Cajero Automático por edades

Cuenta	Edad 18-34	Edad 35-54	Edad 55+	Total renglón
¿Uso? - No	2	12	26	40
Porcentaje renglones	5%	30%	65%	
Porcentaje de columna	9%	40%	62%	
Porcentaje total	2%	13%	28%	43
¿Uso? - Sí	20	18	16	54
Porcentaje renglones	37%	33%	30%	
Porcentaje de columna	91%	60%	38%	
Porcentaje total	21%	19%	17%	57
Columna	22	30	42	94
Total	23%	32%	45%	100%

Las tabulaciones cruzadas son una forma poderosa, eficaz y fácilmente entendible de resumir los resultados. Sin embargo, únicamente analizan dos variables a la vez, así que una pregunta puede generar una cantidad enorme de tabulaciones cruzadas posibles. La información se debe seleccionar cuidadosamente para producir resultados significativos.

Los cuadros y gráficas también facilitan la comprensión de los resultados de la encuesta. Existe una diversidad de programas de computadora que sirven para crear cuadros útiles con un esfuerzo mínimo.

Una gráfica de pastel (véase la figura 1.1) muestra los porcentajes de una distribución de frecuencia en forma de rebanadas de un círculo o "pastel". Un diagrama de barras (véase la figura 1.2) compara los porcentajes de una distribución de frecuencia usando barras paralelas. Ambos métodos presentan la información de manera flexible, fácilmente comprensible.

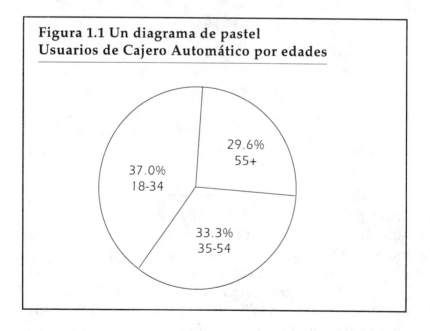

Figura 1.1 Un diagrama de pastel
Usuarios de Cajero Automático por edades

29.6%
55+

37.0%
18-34

33.3%
35-54

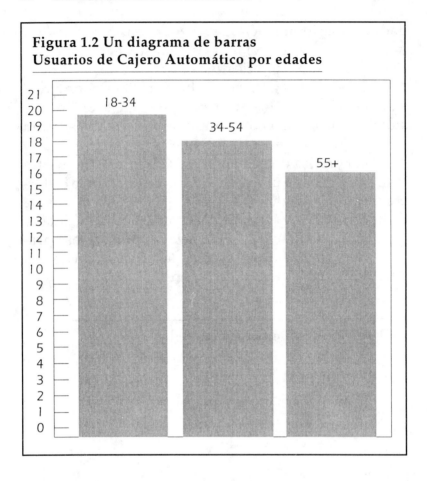

**Figura 1.2 Un diagrama de barras
Usuarios de Cajero Automático por edades**

Las distribuciones de frecuencia, las tabulaciones cruzadas y las gráficas pueden ayudar a presentar los resultados de una encuesta, pero en ocasiones no basta con estas estadísticas. Supongamos, por ejemplo, que una empresa quiere comparar sus servicios con los de la competencia. Podría graficar una distribución de frecuencia, como se muestra en la Tabla 1.3, para comparar el porcentaje de personas que calificaron sobre la media el negocio y a su competencia.

Tabla 1.3. Comparación de servicios por porcentajes		
Calificación	Nosotros	Competencia
5	25%	22%
4	18%	27%
3	40%	34%
2	7%	9%
1	10%	8%

El alcance de los porcentajes representados en la Tabla 1.3 dificulta la identificación del negocio que merece la calificación más alta. El negocio tiene un porcentaje más alto en cinco calificaciones que su competencia, pero también tiene porcentajes más bajos en cuatro calificaciones. La suma de los porcentajes de cinco, cuatro y tres calificaciones nos da un empate.

La empresa puede sacar el valor medio para aclarar los resultados que aparecen en la Tabla 1.4. Para calcular esa media, debe sumar los valores de cada respuesta y dividir el resultado entre el número de respuestas. En la Tabla se indica que la empresa y su competencia tienen calificaciones por servicios bastante parejas.

Tabla 1.4: Comparación de servicios por calificación promedio		
	Nosotros	Competencia
Media	3.41	3.46

Dónde encontrar ayudas para la investigación

A estas alturas es probable que sepa ya cuán beneficiosa puede ser la investigación para una empresa. Y buena parte la puede hacer usted mismo. Pero, para ciertos proyectos especiales, es posible que piense: "¡No hay forma de que lo pueda hacer por mi cuenta!". No se preocupe. Es una reacción normal. Los especialistas en marketing pueden desarrollar un proyecto de investigación para los dueños/gerentes de empresas que estén pensando en formar grupos de control o realizar una encuesta.

¿A quién puede dirigirse para obtener ayuda en la investigación de mercado? Si su empresa tiene contratada una agencia de publicidad, ahí tenemos un buen punto de partida. Una ventaja principal de trabajar con su agencia de publicidad es que esas personas ya conocen su empresa y sus necesidades y les interesa conservar su cuenta. Aunque la agencia no se especialice en el tipo de investigación que usted precise, sin duda el personal podrá dirigirle a alguien que sea experto en ello.

Si no tiene una agencia de publicidad, podría funcionarle contratar los servicios de una firma de investigación de mercados para que organice su proyecto. Las encontrará en la sección amarilla de casi todas las ciudades, con un resumen de los servicios que ofrecen. Hay algunas compañías de investigación de mercados que ofrecen un servicio completo y pueden preparar todo tipo de estudios y análisis. Otras se especializan en, digamos, grupos de control o encuestas telefónicas.

PSI Una excelente y económica guía para llevar a cabo la investigación de mercado por su cuenta es la publicación de la Administración de Pequeñas Empresas de Estados Unidos: *Researching Your Market*, Item #MT08. Para hacer pedidos, contacte a SBA Publications, PO Box 46521, Denver, CO 80201-0030.

Los colegios de administración de empresas de las universidades suelen tener Centros o Institutos de Desarrollo para la Pequeña Empresa, a los que es posible acudir por ayuda. Los profesores universitarios también pueden dar ayuda, y algunos incluso asumir el trabajo de investigación como proyecto de sus clases, a un escaso, o quizá nulo, costo para usted. Lo más seguro es contactar a la escuela de administración de alguna universidad y hablar con los profesores de la materia de investigación de mercado.

Ha completado el Reto 1

El Reto 1 le ha dado la oportunidad de descansar de las pesadas actividades cotidianas de marketing, hacerse a un lado y examinar su estrategia para atraer clientes. La pregunta clave que debe contestar es: ¿Fomenta nuestra actual estrategia de mercado el que pensemos como piensan nuestros clientes?

Entre otras preguntas que deberá contestar están: ¿Solicitamos regularmente los comentarios y sugerencias de nuestros clientes? ¿Cómo usamos este valioso insumo para mejorar nuestra capacidad de anticiparnos a sus necesidades? ¿Qué tan bien equilibramos nuestras necesidades financieras y nuestro deseo de vender a una gran diversidad de clientes? ¿Somos capaces de saber cuánto nos cuesta realmente el suministro de cada cliente? ¿Comprendemos realmente nuestro nicho en el mercado?

Si no puede contestar convincentemente alguna de estas preguntas, es posible que le resulte útil diseñar y efectuar más investigación de mercado. En el Reto 1 también ha aprendido, detalladamente, las distintas formas de investigación de mercados de que se dispone, así como a diseñar proyectos de investigación eficaces en costo. También ha visto cómo se interpretan normalmente los resultados de una variedad de técnicas de investigación de mercado. El resultado que desearíamos es que se sienta cada vez más cómodo al considerar a sus clientes como parte de su equipo de marketing. Una vez que adopte esta mentalidad, queda usted abierto a la tremenda imaginación y creatividad que a sus clientes les encanta compartir con usted.

Deja el Reto 1 con lo siguiente:

Información. Tiene los conocimientos para planear un acercamiento sistemático para evaluar a sus clientes a la luz de las necesidades de su compañía de recibir un ingreso estable, una información de mercado actualizada y el acceso a importantes tomadores de decisión dentro de la industria.

Herramientas. Las Prácticas Personales son herramientas de evaluación diseñadas para ayudarle a comprender mejor en qué están pensando sus clientes y qué tan bien sus programas de marketing actuales cubren sus necesidades y deseos.

Aprendizaje. Ha recibido una introducción a las técnicas probadas en el mercado para el marketing de una pequeña empresa, mismas que pueden auxiliarle a competir en el mundo de los negocios de hoy.

Trabajo en red. Se le han dado los recursos para llevar a cabo la investigación de mercado exploratoria, examinar las fuentes existentes de datos y opiniones del mercado y efectuar encuestas de mercado altamente detalladas para obtener información hecha a la medida particular de la estrategia de marketing de su empresa.

Reto 1: Autoevaluación

Como dueño de empresa orientado a la acción, lo más probable es que quiera comprobar que ha comprendido los conceptos y técnicas presentados en el Reto 1 lo suficiente para poder tener un impacto inmediato y positivo en la estrategia de marketing de su empresa.

La siguiente autoevaluación enumera una serie de preguntas y actividades que le permitirán tener una "comprobación de la realidad" personalizada.

PARTE UNO:
Fundamentos del marketing de la pequeña empresa
Evaluación de la satisfacción del cliente

( )   Puedo identificar en detalle los tres beneficios más importantes para el cliente de mi producto o servicio.

( )   Puedo detallar por escrito cómo mi marketing logra la satisfacción del cliente mejor que la competencia.

( )   Puedo explicar por qué un cliente potencial debe creer que somos un proveedor confiable.

( )   Puedo identificar lo que hemos hecho durante el año pasado para lograr que la colocación de pedidos a nosotros sea más cómoda para nuestros clientes.

Lo que hace eficaz al marketing

( )   Sé cúanto gasté en marketing durante el año pasado.

( )   Puedo explicar cuáles proyectos de marketing específicos llevamos a cabo el año pasado y cuáles fueron los resultados en ventas de cada uno.

( )   Puedo presentar de forma concisa y convincente el mensaje básico del marketing de la empresa.

( )   Puedo detallar la forma en que integramos nuestro mensaje de marketing y el diseño visual de todas nuestras piezas de comunicación de marketing.

( )   Puedo desarrollar nuestro plan de capacitación para asegurar un conocimiento constante de nuestros programas de marketing por parte de todos los empleados.

Ser impulsado por el mercado

( )   Puedo explicar cómo hemos usado la investigación de mercado durante el año pasado para definir mejor las necesidades de los clientes.

( )   Puedo relacionar directamente las características de nuestro producto/servicio con las necesidades del cliente que hemos descubierto.

( )   Puedo describir las técnicas que usamos para solicitar regularmente sugerencias del cliente sobre la mejoría de nuestro diseño del producto/servicio y nuestros programas de marketing.

( )   Puedo explicar la manera en que mantenemos registros detallados de los clientes, incluyendo quejas, sugerencias y patrones de pedidos que hayan tenido en el pasado.

La selección de sus clientes

( )   Puedo describir cuáles clientes producen la mayor parte de nuestras ventas.

( )   Puedo describir la frecuencia con que nuestros clientes clave hicieron sus pedidos el año pasado.

( )   Puedo detallar un plan para estimular al menos un pedido adicional por año y por cliente.

( ) Puedo explicar cómo usamos las relaciones con nuestros clientes para dar un mejor uso a la tecnología, destrezas y conocimientos técnicos.

( ) Puedo describir cuáles de mis clientes son "ricos en conocimiento".

( ) Puedo detallar cuáles métodos de comunicación usamos para mantenernos en contacto con nuestros clientes más importantes.

PARTE DOS: Investigación de mercado "Hágalo Usted Mismo" Creación y ejecución de un plan de investigación hecho a la medida

( ) Puedo definir uno o más problemas de marketing cuya solución pensamos que requiere de más información.

( ) Puedo detallar qué investigación de mercado estamos llevando actualmente y describir cada método utilizado.

( ) Puedo demostrar mi comprensión del uso eficaz de técnicas especiales de investigación de mercado, como los grupos de control y el diseño de cuestionarios.

UN PLAN SENCILLO
DE MARKETING

¿Está usted aprovechando al máximo su inversión en marketing?

Todos los negocios, desde las grandes corporaciones hasta las empresas pequeñas dirigidas por una sola persona (su propietario), requieren de un plan para dirigir sus acciones futuras y hacer rendir sus escasos recursos de marketing. El riesgo es demasiado grande para pensar que todo saldrá según lo planeado, que sus competidores no van a reaccionar o que todas las personas en su área de negocios entenderán en forma intuitiva el camino que ha tomado. La planificación es la única manera de asegurarse de que se está sacando fruto de los recursos dedicados al marketing.

En el Reto 1 se discutió la importancia de las percepciones que usted y sus clientes tienen de su empresa y de la dirección sugerida para obtener información sobre el mercado. Ahora, en el Reto 2 explorará cómo fundamentar su plan de marketing. Empezará observando cómo un plan de este tipo puede ayudar a su negocio.

Tras completar el Reto 2, usted podrá:

- Basar su plan de marketing en cimientos sólidos
- Hacer un análisis de situación
- Definir sus mercados objetivo
- Hacer un estimado de la demanda de su mercado
- Evaluar su competencia
- Analizar los puntos fuertes y débiles de su propia empresa
- Fijar sus objetivos inteligentes
- Desarrollar e implementar estrategias y tácticas

¿Qué es un plan de marketing?

Un plan de marketing es una guía, muy parecida al plano de obras que guía al arquitecto o al mapa que orienta al piloto. Muestra donde está usted ahora, a dónde quiere llegar y una ruta para lograrlo.

¿Puede imaginar a un arquitecto que empieza a construir una casa sin planos? El diseño de las habitaciones, la compra de materiales, la fijación de los horarios de los trabajadores, ¿todo sin pensarlo por adelantado? ¿Cómo cree que quedaría tal casa? ¿La compraría usted? ¿Cuántas personas más cree que desearían comprar una de sus casas?

¿Y qué pasaría con un gerente de una pequeña empresa que abre sus puertas sin saber realmente quiénes son sus clientes, cuáles son sus preferencias, sin un plan que guíe la mezcla de productos y servicios, los precios, las promociones y las cuestiones de la distribución? ¿Querría usted invertir en este negocio? ¿Querría trabajar para alguien que no cuenta con un plan?

¡No! Y, sin embargo, así funcionan casi todas las empresas pequeñas.

Realmente deberíamos llamar arrogante y despilfarrador a un arquitecto como el que mencionamos. ¡Imagine la construcción de una casa sin preguntar a los posibles dueños lo que quieren tener en su hogar! Además de satisfacer sus deseos respecto al tamaño y el estilo de su casa, sin duda habrá costos adicionales al programar a los trabajadores cuando no hay trabajo que hacer. Y ¿qué decir de los materiales desperdiciados con los que acabaría quedándose si no tuviera un plan? Sin duda, ese arquitecto terminaría siendo un desempleado.

Pero, ¿qué me dice del gerente de negocios que operara sin un plan de marketing? ¿Cómo le llamaríamos? **Típico.**

¿Por qué ha de ser diferente un arquitecto de un gerente de empresa pequeña? No lo es, en realidad. ¡Probablemente lo podríamos describir con los términos usados para describir al arquitecto!

El plan de marketing es, simplemente, un documento escrito, bien pensado, que perfila la forma en que piensa lograr sus metas. Un buen fundamento consiste en analizar dónde está y qué sucede alrededor. Fijar objetivos específicos y medibles. Desarrollar estrategias y planes de acción. Y, por último, implantar un plan para el monitoreo del progreso alcanzado.

Por qué necesita un plan de marketing

¿Por qué ha de invertir sus esfuerzos en planeación?

Algunos gerentes consideran que están demasiado ocupados dirigiendo su empresa como para perder su tiempo, que es tan importante, en actividades de planificación. En el otro extremo quedan aquellos que producen un gran plan y luego lo archivan, para nunca jamás tomar acción alguna para hacer realidad sus ideas. Claro está que estos ejemplos son los extremos. Al desarrollar un plan de marketing, un negocio puede hacer realidad diversos beneficios de gran valor.

La planificación fuerza a los tomadores de decisiones a identificar fortalezas y debilidades, peligros y oportunidades. Como resultado, los gerentes están en posibilidad de utilizar al máximo sus puntos fuertes y enfrentarse a los débiles. El desarrollo de un plan obliga al gerente a diseñar la dirección y los objetivos que deberá alcanzar la empresa. El proceso requiere que el gerente establezca prioridades y piense a fondo las acciones propuestas y las consecuencias. Seguir el plan asegura que se desarrollen estrategias para solucionar dichos puntos débiles. Un plan de marketing ayuda a enfocar los esfuerzos del grupo y las tácticas específicas que se han de seguir, incluyendo:

- qué estrategias se implantarán
- quién es responsable de las distintas tareas
- cuándo debe terminarse cada tarea
- qué recursos se requerirán para completarla

Un beneficio adicional es la información que conlleva sobre su ámbito de competencia y los objetivos para usted mismo, sus empleados, sus nuevos empleados u otras personas que puedan tener un interés financiero en su empresa.

Es posible que muchos gerentes decidan operar sin un plan de marketing, aunque sus bondades parezcan obvias. Al igual que el arquitecto sin planos, estos gerentes abandonan su futuro a la posibilidad, el destino o la pura suerte. La intención de este Reto es ayudarle a plantar los cimientos para un plan de marketing que lo guíe al logro de los objetivos de su empresa.

Por qué pueden fracasar ciertos planes de marketing

Tener un plan de marketing no es garantía de éxito. Nada puede sustituir la buena toma de decisiones en nivel gerencial. Recuerde, si no logra todos sus objetivos, no lo tome como señal de fracaso o mala planeación. Por el contrario, precisamente de eso se trata la planeación. Revise las bases de sus decisiones. Ajuste sus planes. Comience el siguiente ciclo de su proceso de planeación.

Sin embargo, algunos planes tienen más posibilidad de éxito que otros. Entre los problemas comunes que enfrentan los planes están los siguientes:

Falta de un análisis de situación adecuado. El análisis de situación es el cimiento de todo el plan. La falta de información vital sobre su propio negocio o el de su competencia, puede dar como resultado planes de poca visión. Recuerden el antiguo adagio, "Basura adentro, basura afuera". Tómese tiempo para hacer su tarea. Para ahorrarse tiempo a la larga, el análisis de situación debe ser una actividad continua y no algo reservado exclusivamente para los momentos de planeación.

Salsas del Paraíso, Juan Carvajal. Mantengo un archivo en el que guardo toda la información que encuentro sobre las tendencias alimenticias. En él incluyo artículos de publicaciones de la industria sobre las tendencias del mercado, artículos de revistas del consumidor donde se describe lo último en gustos y datos y comentarios que recibo de los mayoristas que venden mis productos. Uso esta información como fuente de ideas para nuevos productos y para predecir la futura popularidad de nuestras salsas, jugos, aderezos y otros productos condimentados.

Objetivos irreales. No menosprecie ni sobrevalore sus objetivos o metas; hacer cualquiera de estas cosas por lo general tiene como resultado que todas las personas involucradas hagan un mal seguimiento.

Insuficiencia de detalles. Puede ser que sus objetivos sean muy buenos, pero también es posible que los pasos para implementarlos estén incompletos. Asegúrese de no hacer demasiadas suposiciones de que las tareas se pueden cumplir sin asignar fechas límite ni responsables.

Estatus quo. Sus estrategias son las mismas del año pasado pero, aun así, usted espera resultados distintos.

Plan no implantado. Con frecuencia el plan se redacta y se archiva. Sin acciones, la planificación es una pérdida de tiempo. Para asegurar su puesta en marcha, se requieren planes de acción específicos que indiquen qué tareas hay que cumplir, cuándo y por quién.

Acciones no anticipadas de la competencia. La señal de que se tiene una buena competencia es que tome acciones decisivas y rápidas. No menosprecie a sus competidores. Permítase un margen suficiente para poder ajustar sus planes y presupuestos.

Avance sin evaluar. La única manera de afinar su plan es evaluar qué es lo que funciona y qué no. No importa que haga las cosas bien si está haciendo las cosas equivocadas.

 En este Reto resaltamos muchas de las características que se requieren para tener un plan de marketing eficaz. Habría que hacer una última sugerencia: asegúrese de que su plan sea flexible. Un plan flexible le permitirá hacer cambios según se transforman sus recursos, reacciona la competencia y evoluciona el ambiente. Use su plan de marketing como una guía para lograr su metas.

Perspectiva de un plan de marketing

Un plan de marketing tiene tres secciones principales: un *análisis de situación*, una *sección de objetivos* y un *plan de estrategia y acción.* Da una respuesta a las preguntas: "¿Dónde estamos?" y "¿A dónde vamos?". Al responderlas, los tomadores de las decisiones identifican y examinan los factores que afectan a su compañía. Usando la información obtenida en el análisis de situación, la segunda sección se concentra en hacia dónde va la empresa, es decir, sus *objetivos.* Los objetivos responden a la pregunta: "¿Qué es lo que queremos hacer?". Se deben fijar prioridades para dirigir la asignación de personal, esfuerzo y recursos. La sección final, el *plan de estrategia y acción*, resume las estrategias de marketing que se van a implantar y las acciones específicas necesarias para implantarlas y lograr cada uno de los objetivos. Con ello se contesta a las preguntas: "¿Cómo llegaremos a donde queremos llegar?"; "¿Cuándo queremos llegar ahí?"; "¿Quién es responsable?"; y "¿Cuánto costará?".

Plan de marketing		
Sección 1 Análisis de situación	**Sección 2** Redacción de objetivos del marketing	**Sección 3** Desarrollo de planes de estrategias y acción

Todo esto parece un cúmulo de información. Un buen plan de marketing le ayuda a organizar muchos de los pensamientos e ideas que a menudo le vienen a la mente. Recuerde que cuando completó parte de la investigación de mercado, ya estaba iniciando el proceso de planeación.

El plan de marketing: el análisis de la situación

El análisis de situación se enfoca en el ambiente de los negocios como es en la actualidad. Un gran número de factores afectan a su negocio. El propósito de este análisis es ayudarle a identificar y concentrar su atención en las variables clave que impactan su empresa. Utilizar esta información como punto de partida le ayudará a dirigirla hacia sus metas futuras.

PSI

La manera más fácil de evaluar el avance es el método de la marca de la palomita. Ponga una tabla como ésta al lado de cada teléfono o caja registradora y, cada vez que llegue un cliente desconocido, pregúntele qué le hizo venir. Ponga una palomita al lado de la promoción que le hizo entrar.

Promoción	Cuenta
Anuncio periodístico	
Anuncio radiofónico	
Correo directo	
Recomendación de un amigo	

Evaluación de su medio ambiente

Las actividades de marketing no ocurren en un vacío, sino en un medio ambiente rico en variables incontrolables, entre ellas, reglamentos y leyes, actitudes sociales, condiciones económicas, factores tecnológicos y de la competencia. Un aspecto importante del marketing consiste en identificar las oportunidades y explotarlas. Las oportunidades en el mercado son el resultado de los cambios en el ambiente de marketing. Un comercializador eficaz está consciente de este ambiente y de los inminentes cambios, y es capaz de determinar cómo pueden beneficiar a su empresa. Sin el conocimiento de los factores del ambiente de marketing, un gerente puede muy bien encontrarse en la situación del piloto en las nubes que no sabe lo que hay enfrente.

Preparación para la Práctica Personal #6
Evaluación de la competencia

Al completar esta práctica de marketing, tendrá una clara visión del ambiente en el cual operará. La información que aquí recopile será un valioso recurso para fijar sus objetivos y asignar prioridad a sus estrategias. Empiece por recabar en papel la información que usted y sus empleados clave tienen en mente. Luego, determine si hay lagunas que deba llenar con información ya publicada. Sus fuentes serán periódicos, revistas del ramo y asociaciones industriales. Muchas de estas fuentes se pueden sacar de los archivos de su biblioteca local.

Práctica Personal #6
Evaluación del ambiente

Económico

¿Qué va a pasar con la economía durante los seis meses venideros? ¿Y el año siguiente?

¿Cómo impactará a su negocio?

Político/Legal

¿Qué leyes debe cumplir en la actualidad?

¿Qué cambios es probable que se produzcan en la legislación que puedan afectar a su negocio (es decir, control de la contaminación, igualdad de oportunidades en el empleo, normas de seguridad para el producto, publicidad, control de precios, etc.)?

Social/Psicológico

¿Qué tendencias culturales impactarán la demanda por su producto o servicio?

¿Qué nuevas tendencias puede aprovechar?

Demográfico

¿Cuáles son las tendencias demográficas (edad, ingreso, género, origen étnico, tamaño de la familia, ocupación, educación...) que puedan alterar la composición de su base de clientes?

¿Cuál es el probable impacto que tendrán estos cambios en su negocio?

Tecnológico

¿Cómo afectarán las nuevas tecnologías:

- la demanda de su producto/servicio?

- la forma en que distribuye su producto/servicio?

- la forma en que su producto/servicio se está manejando en el mercado?

- la forma en que se produce su producto/servicio?

Ambiental

¿Cuál es el impacto ambiental de producir o distribuir su producto?

Seguimiento de la Práctica

1. Piense en el efecto que la economía tiene en la demanda por su producto/servicio y, a manera de respuesta, ajuste su plan de marketing.
2. Descubra tendencias que puedan indicar futuras oportunidades o amenazas.
3. Determine en qué forma la tecnología puede afectar la demanda por su producto/servicio y la forma en que lo comercializa.

Concéntrese en sus clientes más probables

En el Reto 1 empezó a pensar como sus clientes. Inició el proceso de seleccionarlos observando cómo pueden ayudarle a balancear su flujo de ingresos, mejorar sus habilidades y responder a los cambios en el negocio. Ahora que ha evaluado con qué tipo de clientes quiere trabajar, es el momento de definir quiénes son. Para propósitos de marketing, a usted le gustarían los estereotipos. Al definir quiénes han sido sus mejores clientes, ya sabe dónde debe buscar a los más probables. A este proceso se le llama segmentación de mercado o definición de sus mercados objetivo. Quizá le resulte conveniente repasar las notas que hizo antes como ayuda para completar esta sección.

Las pequeñas empresas que identifican las necesidades de mercados objetivo específicos —los clientes existentes y potenciales que son el centro de los esfuerzos de marketing— y dirigen su trabajo a satisfacerlas, son mejores comercializadores. Los negocios identifican sus mercados objetivo reuniendo a usuarios potenciales de un producto o servicio que comparten características similares en grupos de clientes relativamente homogéneos.

Al seleccionar mercados objetivo, la empresa rechaza el método de mercado masivo de utilizar las mismas estrategias promocionales, de precio y de lugar para llegar a todos los clientes. Los métodos de mercados objetivo múltiples y mercados objetivo concentrados tienden a tener mejores resultados para la pequeña empresa. Ambos reconocen que los clientes tienen necesidades exclusivas que se satisfacen mejor con estrategias específicas en cuanto a precio, promoción y distribución.

No es raro escuchar a los dueños/gerentes argüir que su negocio es demasiado pequeño para practicar la segmentación de mercados. Al abrir su negocio, insisten en que deben intentar venderle a todo el mundo. Pero es obvio lo que sucede cuando uno pretende ser todo para todos: al final nadie queda a gusto.

Antes de caer en esta falacia, considere el ejemplo que sigue. Un agente de seguros de vida, totalmente convencido de su producto, piensa que toda persona debería tener una póliza de seguro. Pero no hay manera en que un solo agente pueda llegar a todos los que necesitan un seguro. ¿En qué forma debe manejar su mercado objetivo? El agente bien podría usar un método de mercado masivo, ofreciendo un producto a todos los clientes potenciales, con las mismas estrategias de promoción, precio y lugar. El método se basa en la creencia de que todos los clientes potenciales para seguros de vida comparten las mismas necesidades por el mismo tipo de seguro. En ese caso, todos tendrían que responder de igual forma a la misma presentación de ventas ya establecida.

> Para evitar la trampa de extender en capas demasiado finas el marketing de su compañía, los empresarios inteligentes optan por subdividir el mercado en grupos, afinar al máximo su producto o servicio para cada grupo, y desarrollar un plan de marketing para cada uno de ellos.

Es obvio que el agente de seguros debe reconsiderar su posición. Una joven pareja con niños compra seguros de vida por razones muy diferentes de las que tendría una pareja mayor sin niños o un hombre o mujer solteros. Todos esos candidatos requieren de diferentes tipos de pólizas y diferente cantidad de cobertura. Un método de mercado masivo no cubrirá las necesidades del universo de clientes del agente.

Los negocios que se deciden por el método de mercado masivo terminan por quedarse atrás de sus competidores, que sí segmentan sus mercados y desarrollan planes de marketing únicos para satisfacer mejor las necesidades del cliente. Desgraciadamente, muchos dueños y gerentes de pequeñas empresas optan por estrategias de mercado masivo, porque consideran que son la vía más barata y expedita para llegar a la audiencia más amplia. Pero acaba por ser la más cara: malgastan su dinero para promoción, tratando de llegar a personas que es poco probable que sean clientes, y se les dificulta obtener la atención de clientes en potencia.

Segmente su mercado: dos métodos

El método del mercado objetivo múltiple divide al mercado en subgrupos basados en tasas demográficas, geográficas, psicográficas, de uso y/o conductas del consumidor.

Una vez que el mercado queda segmentado, el dueño/gerente de una pequeña empresa desarrolla diferentes estrategias de marketing para llegar a cada grupo.

Es razonable suponer que casi todas las parejas jóvenes con hijos comparten las mismas necesidades de un seguro de vida, igual que lo hacen las parejas sin hijos o las mujeres y hombres solteros. El agente puede segmentar su mercado siguiendo esas líneas demográficas y desarrollar productos diferentes, estrategias promocionales y precios especiales para cada grupo.

Las ventajas de los mercados objetivo masivos son:

- permiten una atención personalizada para el cliente
- le permiten representar diferentes cosas para diferentes personas
- evitan esfuerzos promocionales inútiles

Su desventaja potencial es que toman más tiempo.

El método del mercado objetivo concentrado selecciona uno o dos grupos como mercados objetivo. Estos grupos pueden seleccionarse por ser los candidatos más adinerados, los clientes más asiduos o quienes más probablemente requieran un nuevo producto o servicio. Cuando se haya seleccionado el grupo objetivo, se elabora una estrategia de mercado mixta para el mismo.

He aquí cómo un agente de seguros podría usar el método del mercado concentrado. Divide el mercado en tres grupos: parejas jóvenes con hijos, parejas sin hijos, y hombres y mujeres solteros sin hijos. Sabe que cada grupo ofrece muchos clientes en potencia, pero decide que es mejor dedicar su tiempo a ponerse en contacto con un solo grupo: las parejas con hijos. Escoge este grupo porque sabe que la experiencia ha demostrado que es aquel con mayores probabilidades de comprar seguros. Esto no significa que el vendedor no venderá seguros a otras personas, sino que concentrará sus esfuerzos de ventas y promoción en un grupo.

Al usar el método de mercado objetivo concentrado, los dueños y gerentes de pequeñas empresas verdaderamente podrán conocer y entender un aspecto del mercado. Es menos caro y más rápido que dirigirse a los mercados objetivo múltiples. Debido a que existe cierto peligro de ser demasiado selectivo con los esfuerzos de mercado, éste suele ser un método de poca duración. Cuando el mercado escogido queda saturado, el dueño de la pequeña empresa cambia al método de objetivo múltiple, escogiendo otro mercado al cual orientarse.

En la Tabla 2.1 se presenta una visión general de los métodos de marketing que hemos visto. El error principal que muchos negocios cometen es no diferenciar suficientemente sus bases de clientes y no desarrollar estrategias de producto y promocionales para cada una.

Los clientes objetivo

Busque los factores que distinguirán a un cliente potencial de otro menos probable, así como a un grupo de clientes de otro.

Tabla 2.1: Una comparación de los métodos de marketing

Mercado masivo	Mercado objetivo múltiple	Mercado objetivo concentrado
No selecciona: todo para todos	Selecciona muchos grupos: algo para todos	Selecciona el "mejor" grupo
Resulta caro llegar al mercado con la frecuencia suficiente para lograr un impacto	Resulta caro ejecutar muchos planes de marketing para cada grupo	Menos caro porque se enfoca en un solo mercado
Crear e implantar un plan de marketing lleva menos tiempo	Crear e implantar muchos planes de marketing consume más tiempo	Crear e implantar un plan de marketing consume menos tiempo

Mercados de consumidores

Para los mercados de consumidores, estos factores pueden incluir los demográficos o los psicográficos. Los demográficos, presentados a continuación, se relacionan con el aspecto físico del cliente, su posición social, el lugar donde vive, su nivel educativo, etcétera.

edad	ingresos	raza
sexo	ocupación	nacionalidad
tamaño de la familia	educación	clase social
ciclo de vida familiar	religión	ubicación

Los factores psicográficos tienen que ver más con las influencias psicológicas en el cliente y son:

necesidades	intereses
actitudes	opiniones
actividades	estilo de vida

El marketing objetivo sigue siendo una ciencia inexacta. Al usarlo, podrá aumentar en dos a tres puntos porcentuales la respuesta a una campaña de correo directo. Pero eso sigue significando que el 97% no respondió. El marketing objetivo le ayuda a evitar el envío de sus mensajes a las personas equivocadas.

Cuanto más pequeños sean sus objetivos, más probabilidades tendrá de lograrlos. Podrá determinar el punto clave para cada grupo de mercado, en vez de comunicar que usted lo es todo para todos. Será capaz de seleccionar el medio más eficaz en cuanto a costos para llegar a cada mercado y reducir al mínimo el desperdicio en sus estrategias promocionales.

Preparación para la Práctica Personal #7
Mercados de consumidores

Al completar esta práctica, intente dividir a sus clientes y clientes potenciales en los grupos u objetivos más pequeños que pueda. Identifique las características demográficas y psicográficas fundamentales que describen a cada segmento de su mercado. Debajo de cada mercado, anote la descripción de sus clientes más probables. Finalmente, intente calcular el tamaño de cada segmento. Puede describirlos simplemente como grande, mediano o pequeño.

Antes de empezar, quizá le ayude ver cómo José Luis, dueño de Abarrotes Los Cuatro Vientos, completó su práctica.

Práctica Personal #7
Mercados de consumidores

	Mercado A	Mercado B	Mercado C
Edad	25-49	25-49	25-49
Sexo	Femenino	Femenino	Femenino
Ciclo de vida familiar	Niños en edad escolar	Sin hijos	Niños en edad escolar
Ingresos	$40,000+	$40,000+	$40,000+
Ocupación	Ama de casa	Profesional	Profesional
Educación	n/d	Universitaria	Universitaria
Ubicación	Radio de 2 millas	Radio de 2 millas	Radio de 2 millas
Tamaño del mercado por los datos del censo	900	1,200	2,000

Práctica Personal #7
Mercados de consumidores

	Mercado A	Mercado B	Mercado C
Edad			
Sexo			
Ciclo de vida familiar			
Ingresos			
Ocupación			
Educación			
Ubicación			
Tamaño del mercado por los datos del censo			

Seguimiento de la Práctica

1. Evalúe cómo puede segmentar su mercado en grupos más pequeños con necesidades y requerimientos similares. Esto le permitirá modificar su producto o servicio para adecuarlo a las necesidades de un grupo pequeño.
2. Desarrolle un mensaje promocional que hable directamente al grupo.
3. Analice qué tan bien llegarán a cada mercado las alternativas promocionales.

Mercados de negocio a negocio o industriales

Busque los factores que distinguen a un cliente potencial de otro no tan probable. En los mercados de negocios, estos factores pueden incluir:

- clasificación industrial estándar (SIC)
- ubicación
- volumen de ventas
- número de empleados
- valor neto
- gastos
- valor añadido en efectivo por producción
- número de plantas

En el marketing de negocio a negocio o industrial, defina a las compañías que probablemente utilicen su producto; defina quiénes en la compañía lo usan; y quiénes toman las decisiones de compra.

- la persona que toma las decisiones
- la persona que puede influir
- el vigilante
- el usuario

Preparación para la Práctica Personal #8
Mercados de negocios/industrial

Al completar esta práctica, trate de dividir a sus clientes y clientes potenciales en grupos u objetivos lo más pequeños posible. Identifique las características fundamentales que describan cada segmento de su mercado. Debajo de cada mercado, anote la descripción de sus más probables clientes. Finalmente, intente calcular el tamaño de cada segmento. Quizá prefiera describirlos sencillamente como grande, mediano o pequeño.

Como anticipación, observe cómo completó su práctica Juan Carvajal, dueño de Salsas del Paraíso.

Práctica Personal #8 Mercados de negocios/industrial			
	Mercado A	**Mercado B**	**Mercado C**
SIC	5411 Abarrotes	5499 tiendas misceláneas	5812 lugares de comida en tiendas de alimentos
Número de empleados	n/d	n/d	n/d
Ubicación geográfica	6 estados	6 estados	6 estados
Vende productos regionales de otros países	Sí	Sí	Sí
Parte de una cadena nacional	No	No	Sí o no
La persona que toma las decisiones	Dueño	Dueño	Dueño
El vigilante	Subgerente	Subgerente	Subgerente
Tamaño del mercado de los patrones de negocio local	11,220	600	36,540

	Mercado A	Mercado B	Mercado C
Práctica Personal #8 **Mercados de negocios/Industrial**			
SIC			
Número de empleados			
Ubicación geográfica			
Vende productos regionales de otros países			
Parte de una cadena nacional			
La persona que toma las decisiones			
El vigilante			
Tamaño del mercado de los patrones de negocio local			

Seguimiento de la Práctica

1. Evalúe cómo puede segmentar su mercado en grupos más pequeños con necesidades similares. Así podrá modificar su producto o servicio para adecuarlo a las necesidades de un grupo pequeño.
2. Desarrolle un mensaje promocional que hable directamente al grupo.
3. Analice qué tan bien llegarán a cada mercado las alternativas promocionales.

Las necesidades del cliente

Ahora que ha definido sus mercados específicos, observe lo que los clientes compran y por qué. Al contestar

estas preguntas desde el punto de vista del cliente, podrá descubrir modificaciones a su producto o servicio
que cubrirán las necesidades de un mercado específico.
Esta información será útil cuando desarrolle su mensaje promocional, así que si no sabe las respuestas, pída-
selas a sus clientes o clientes potenciales.

Preparación para la Práctica Personal #9: Comprender las necesidades de mis clientes

¿Qué es lo que José Luis, dueño de Abarrotes Los Cuatro Vientos, piensa que sus clientes quieren y necesitan?
Observe cómo completó la siguiente Práctica.

Práctica Personal #9
Comprender las necesidades de mis clientes

	Mercado A	Mercado B	Mercado C
¿Cómo perciben sus productos y servicios?	Alta calidad	Algo único	Conveniente
¿Qué es lo que quieren de un negocio como el suyo?	Ideas sobre alta calidad y nutrición para las comidas	Fuera de lo normal; que pueda cocinar para 1 ó 2 personas o grupos grandes	Diferente y que se pueda cocinar rápida y fácilmente
¿Qué bienes o servicios debería comercializar?	Alta calidad en alimentos regionales de otros países	Alimentos sensacionales de Asia, Sudamérica y el Caribe	Comidas étnicas de fácil preparación
¿Qué es lo que puede hacer para facilitar a la gente que le compre?	Tener un estacionamiento cómodo, hacer sesiones de prueba de comida en la tienda	Abrir por lo menos hasta las 7 p.m., hacer pruebas de sabor en la tienda	Estar abiertos al menos hasta las 7 p.m. hacer pruebas de sabor, entregas

Práctica Personal #9
Comprender las necesidades de mis clientes

	Mercado A	Mercado B	Mercado C
¿Cómo perciben sus productos y servicios?			
¿Qué es lo que quieren de un negocio como el suyo?			
¿Qué bienes o servicios debería comercializar?			
¿Qué es lo que puede hacer para facilitar a la gente que le compre?			

Seguimiento de la Práctica

1. Determine qué quieren sus nichos de mercado.
2. Modifique su producto o servicio para satisfacer mejor sus necesidades.
3. Desarrolle un mensaje promocional que motive a sus nichos de mercado a comprar su producto o servicio.

Cómo estimar la demanda del mercado de su producto o servicio

Una parte de su conocimiento de sus competidores consiste en saber qué porción del mercado controlan; su parte en el mercado. Contar con esta información puede ayudarle a reconocer nuevas oportunidades y a tener en perspectiva las actividades de la competencia. No olvide que también debe utilizar los datos para determinar su propia parte del mercado.

Existen varios métodos para hacer lo anterior. Si vive en una población grande, puede acudir a una biblioteca pública para consultar publicaciones que informan sobre los gastos de los consumidores de diferentes productos en las diversas regiones del país (en Estados Unidos puede consultarse el *Sales & Marketing Management's Forecast of Market Potentials*). Estos reportes anuales indican la cantidad de dinero que se gasta en una diversidad de productos y servicios (por ejemplo, entretenimiento, ropa, automóviles, etc.) en diferentes partes del país. Desglosa las cantidades de dinero gastadas de acuerdo con las principales variables demográficas (principalmente la edad, el tamaño de la familia y el sexo). Los informes también pueden ser de gran utilidad si usted está tomando en cuenta diversas ubicaciones geográficas y trata de identificar el mercado con la composición de población más cercana a su mercado objetivo.

Como dijimos, hay muchos métodos diferentes para determinar el tamaño de su mercado. Los expertos en marketing con frecuencia se refieren al tamaño de un mercado con el término mercado potencial. Usan esta denominación para describir las ventas anuales totales de un producto o servicio por parte de todos los negocios proveedores de los mismos en un segmento específico del mercado. El potencial del mercado se puede expresar en términos de unidades o monetarios. Por ejemplo, el potencial del mercado para papel de fotocopiado vendido al mercado educativo en el estado de Wisconsin durante el año venidero, podría ser "X" rollos o "Y" paquetes o "Z" dólares.

¿Por qué es importante conocer el potencial del mercado? Un estimado del tamaño del mercado, en combinación con la información sobre sus competidores, será necesario para calcular la parte del mercado que usted tiene, así como las de sus competidores. Los cálculos también son útiles para desarrollar pronósticos de ventas.

Cómo estimar el mercado potencial

La metodología específica para calcular el potencial de su propio mercado variará dependiendo del tipo de negocio o industria en que se encuentre. A veces los estimados son proporcionados por dependencias gubernamentales o asociaciones empresariales, por lo que no tendrá que hacerlos por sí mismo. Sin embargo, por lo regular no se encuentran fácilmente disponibles y usted tendrá que hacer su propio estimado. En términos generales, la determinación del tamaño del mercado requiere de varios pasos que resumimos enseguida, así como en la Práctica Personal #10.

1. **Defina su mercado objetivo.** Empiece con la información que proporcionó en las Prácticas Personales #7 u #8. Cuanto más datos pueda proporcionar, mejor.

   También debe definir su mercado geográficamente. Es posible que un industrial pueda proveer a mercados de una gran área geográfica. Pero el mercado de un minorista o proveedor de servi-

cios en una gran ciudad tal vez consista en un ve-
cindario de una docena de calles; una empresa de
correo directo puede servir a mercados nacionales
e incluso internacionales. Quizá el área geográfica
de su mercado cambie con el tiempo.

Complete este paso combinando la descripción
de su clientela y la definición de su área geográfica
para hacer el cálculo de los clientes potenciales del
mercado. Por ejemplo, si define que su mercado está
constituido por amas de casa jefas de familia del
Estado de California, con ingresos de $25,000 a
$40,000, una consulta en la biblioteca le dará el nú-
mero total que necesita.

2. **Determine la tasa de consumo o uso.** Necesita averiguar o estimar la tasa de consumo de los usuarios
   de su producto o servicio. Dicha tasa debe expresarse como un total o promedio anual. Por ejemplo, si
   usted tiene una tienda de helados, tendrá que descubrir o calcular la cantidad de helado que un cliente
   "típico" consume por año. Si ofrece un servicio de
   limpieza de alfombras a clientes empresariales, ¿con
   qué frecuencia requiere este servicio un cliente
   "estándar"?

3. **Calcule las compras potenciales anuales en su mercado objetivo.** Esto es simplemente el resultado del
   paso 1 multiplicado por el resultado del paso 2.

4. **Estime su volumen de ventas.** Para estimar su volumen potencial, multiplique el potencial del mercado (del paso 3) por el porcentaje del negocio que
   tiene como objetivo capturar.

5. **Determine su precio tope.** Necesita decidir o estimar cuánto estará dispuesto a pagar un cliente por
   cada unidad de producto o servicio que usted ven-

de. En el siguiente Reto aprenderá cómo fijar el precio de su producto.

6. Haga una proyección de su volumen en dinero. Multiplique su volumen de ventas estimadas en el paso 4 por su precio de venta calculado en el paso 5. Esta cifra es un estimado del volumen en dinero que usted producirá en ese mercado específico.

 Determinar el tamaño de su mercado no es, probablemente, algo que pueda hacer sentado en la oficina o en su casa. Una de sus mejores fuentes de información puede ser una biblioteca pública bien documentada o de alguna universidad. Acuda a la sección de consulta para saber si tienen datos censuales sobre sus clientes objetivo. Si su objetivo son las empresas, existen publicaciones especializadas que le serán de gran utilidad, como *County Business Patterns*, de Gordon Press, 1995. Otra excelente fuente de información sobre ventas de productos desglosadas por municipio es el *Annual Buyer's Guide*, publicada por *Sales & Marketing Management* (Nueva York: Bill Communications).

> *PSI* Otra fuente de información para determinar el tamaño de su mercado objetivo son los comisionistas de listas de correo (búsquelos en la sección amarilla). Comuníquese con alguno y pídale sugerencias acerca de cómo usar las listas de correo para llegar al mercado que usted le describa. Utilice los informes que obtenga como un estimado conservador del tamaño de su mercado.

Existen muy buenas "fuentes secundarias" en las bibliotecas. Por ejemplo, hay el *Buying Power Survey* (Rector Press, 1994) que aporta estadísticas detalladas de las ventas demográficas y al menudeo de cada condado de los Estados Unidos. Otras excelentes fuentes de información son las publicaciones comerciales y de las asociaciones de comerciantes. Un ejemplo más es la Asociación Nacional de Vendedores de Llantas, que hace sus propias encuestas sobre las características demográficas de los compradores de llantas, cuánto dinero gasta la gente en ellas y con qué frecuencia las compran.

En la Tabla 2.2 aparece un breve resumen de algunas fuentes que le pueden ser útiles.

Tabla 2.2. Fuentes de información industrial/comercial

Tipo de negocio	*Posibles fuentes de información sobre el consumo*
Productos de consumo - menudeo Servicios al cliente	*MediaMark Research* (Research Co.) Simmons (Research Co.) *Consumer Expenditure Survey* (BLS) (Gordon Press) Asociaciones industriales
Productos de consumo - mayoreo	*Census of Retail Trade* (Publicación del gobierno de los Estados Unidos) Asociaciones industriales MediaMark Research (Research Co.) Simmons (Research Co.) *Consumer Expenditure Survey* (BLS) (Gordon Press)
Productos industriales - producción, mayoreo	*Census of Manufacturers* Asociaciones industriales

Para determinar el tamaño de su mercado, tendrá que ser un tanto creativo. Habrá de contestar preguntas sobre las características de sus clientes y luego buscar información acerca de ellos. Por ejemplo, si usted vende al público en general un producto relacionado con la pesca, le interesará encontrar información sobre las personas que practican ese deporte en el área geográfica que seleccionó. Quizá esos datos estén disponibles a través del organismo estatal que vende las licencias de pesca. Si usted ofrece un servicio a las amas de casa cuyo ingreso anual sobrepasa los $40,000, podría consultar los datos del censo para descubrir cuántas mujeres pertenecen a esa categoría en el área geográfica seleccionada. Si comercializa un producto alimenticio para un grupo étnico en particular, la información sobre ese grupo está disponible en la información censual.

Preparación para la Práctica Personal #10
Cómo calcular mi volumen de dinero

Use la siguiente Práctica para calcular el volumen de dinero que puede esperar de un mercado objetivo en particular. Esto puede servir para que jerarquice sus esfuerzos orientados a cada mercado que elija como objetivo.

Antes de iniciar la Práctica Personal #10, siga el ejemplo de Salsas del Paraíso.

Práctica Personal #10
Cómo calcular mi volumen de dinero

Pasos para determinar el estimado de la demanda	Demanda de su producto o servicio Salsas del Paraíso
1. Defina su mercado objetivo.	1. Tiendas de comida étnica en Estados Unidos * 1524 tiendas de comida étnica en la lista de correos D&B
2. Defina la tasa de consumo o uso.	2. Estime la compra promedio por año y por cliente * de los registros anteriores del cliente * 20 frascos por mes = 240 frascos por año
3. Calcule las compras anuales potenciales en su mercado objetivo. (Multiplique el Paso 1 por el Paso 2.)	3. Compras potenciales por año * 1524 tiendas x 240 frascos = 365,760 frascos
4. Haga una estimación de su volumen de ventas.	4. Estimado de mi volumen total * 5% el primer año * 5% de 365,760 frascos = 18,288 frascos
5. Determine su precio de venta.	5. Mi precio de venta * $1.25 por frasco (al por mayor)
6. Proyecte su volumen de dinero (Multiplique el Paso 4 x el Paso 5.)	6. Ventas proyectadas en efectivo * 18,288 frascos x $1.25 = $22,860

Práctica Personal #10
Cómo calcular mi volumen de dinero

Pasos para determinar el estimado de la demanda	Demanda de su producto o servicio
1. Defina su mercado objetivo.	
2. Defina la tasa de consumo o uso.	
3. Calcule las compras anuales potenciales en su mercado objetivo. (Multiplique el Paso 1 por el Paso 2.)	
4. Haga una estimación de su volumen de ventas.	
5. Determine su precio de venta.	
6. Proyecte su volumen de dinero (Multiplique el Paso 4 x el Paso 5.)	

Seguimiento de la Práctica

1. Decida si tiene una idea de negocios factible.
2. Determine cuáles van a ser sus gastos y réstelos del ingreso esperado para proyectar las entradas netas.

Evaluación de su competencia

Tan importante como enfocarse en el cliente es que una compañía base también sus estrategias en sus puntos fuertes, a la luz de los puntos fuertes y débiles de la competencia. No tiene ningún sentido lanzarse contra un oponente formidable. Si una pequeña empresa se ve enfrentada a un rival más fuerte, deberá evitar imitar las tácticas y la estrategia de éste.

Comprender las estrategias de sus competidores le ayuda a anticipar su próximo movimiento y su reacción ante la estrategia y movimientos tácticos de usted. Por su parte, usted puede aprender de ellos para fortalecer su propia empresa. Si los observa detenidamente, podrá predecir su planes. Para tener éxito en la economía actual, tiene que descubrir cuál es su ventaja competitiva, que consiste en la forma en que usted satisface las necesidades del cliente mejor que la competencia.

La evaluación de la competencia le ayuda a enfocar su atención en sus competidores. Recuerde cuando, en la primera parte de este libro, usted describió a sus competidores y la manera de encontrar más información sobre ellos. Recuerde que parte del trabajo del gerente es identificar los obstáculos futuros que surgirán entre el punto donde está ahora y el punto en el que quiere estar en el futuro. Aquí es donde resulta crucial monitorear las actividades de la competencia. No se trata de convertirse en un espía, sino en mantenerse vigilante.

¿Quién es su competencia? Cuando inicie su siguiente Práctica Personal, quizá le resulte más fácil empezar con un número limitado de competidores, los más grandes, acaso. Dependiendo de su situación, es posible que tenga que añadir espacios para otros rivales. No olvide la competencia indirecta. Por ejemplo, si usted está en el negocio restaurantero, incluya a sus competidores principales, pero no ignore los servicios de entrega domiciliaria o las secciones de carnes frías y comida fina de las tiendas de abarrotes.

¿Cuáles son los puntos fuertes de sus competidores? Responda esta pregunta desde su punto de vista, el de sus empleados, el de sus vendedores y el de sus clientes. Puede resultar muy útil consultar con estos últimos y pedirles su opinión para identificar estas características. Asegúrese de incluir información que usted sepa que es real y las percepciones que el mercado objetivo tiene de cada negocio. Esto podría incluir una diversidad de puntos; podría tratarse de su bien informada fuerza de ventas, un gran departamento de servicios, su proveedor de refacciones o materia prima, un sistema de entregas responsable, una ubicación adecuada, la reputación o las imágenes que las personas conservan del negocio, o sus recursos financieros. Quizá descubra que algunas de estas características también son puntos débiles. ¿Puede usted describir la dirección que su crecimiento lleva? ¿Cuál es la porción del mercado que han capturado? ¿Es probable que se conviertan en futuros competidores?

> **PSI** Para obtener información sobre su competencia, use el método de los archivos. En vez de archivar todas las piezas de información obtenidas en su mente, dedíqueles un momento para anotarlas y archivarlas. En seis meses tendrá un análisis bastante completo sobre su competencia.

A continuación aparece una serie de factores que usted podría necesitar para recopilar información sobre su competencia. Para eliminar la "parálisis de los análisis", observe cada factor y pregúntese si esa información le serviría para tomar una decisión de marketing. Si no es así, olvídese de conservar tal información. Para los factores que son importantes, busque información, pieza por pieza, utilizando la publicidad, los boletines de prensa y el material promocional de la competencia, sus propias observaciones, los comentarios de los proveedores, clientes, empleados, amigos y asesores del negocio. Si mantiene abierto un archivo por cada competidor, puede recolectar la siguiente información durante sus actividades cotidianas y consultarla cuando esté listo para planificar.

Producto(s)/servicio(s)

Número de empleados

Poder financiero

Estrategia de precios

Territorio de ventas geográfico

Posicionamiento

Debilidades del producto

Imagen de calidad

Garantías

Estrategias de venta personales

Medios usados y gastos

Política de servicio al cliente

Habilidad de ventas de los empleados

Ventaja de distribución

Apariencia y diseño de la tienda

Cómo compiten con usted

Sus debilidades

Años en el negocio

Ventas en dinero (actuales, crecimiento/decrecimiento)

Rentabilidad

Mercado objetivo

Puntos fuertes del producto

Servicios adicionales

Confiabilidad

Estrategias de promoción

Temas publicitarios

Esfuerzos de publicidad/relaciones públicas

Conocimiento del producto por los empleados

Disponibilidad de los productos

Conveniencia de su ubicación

Estrategia de marketing

Sus puntos fuertes

Preparación para la Práctica Personal #11
Evaluación de mi competencia

Anote la información que le gustaría reunir sobre su competencia. Luego, registre aquella con la que cuenta. Pásela a sus empleados para que añadan los datos que tengan. Revise la sección amarilla y otros medios donde sus competidores puedan anunciarse. Acuda a la sección de consulta de su biblioteca para ver si hay más información disponible.

> *PSI* Para obtener información sobre su competencia, hable con sus clientes. Cuando no logre una venta, quítese el sombrero de vendedor y póngase el de investigador de mercado. Explique a los clientes que está muy interesado en mejorar su producto/servicio/negocio. Luego, pregúnteles qué es lo que la competencia tiene que usted no posee.

> *PSI* Para obtener información sobre sus competidores, hable con sus proveedores. Pero recuerde que éstos también estarán dispuestos a compartir información sobre usted con sus competidores.

Práctica Personal #11
Evaluación de mi competencia

	Competidor A	Competidor B
Años en el negocio		
Número de empleados		
Mercado objetivo		
Posicionamiento		
Fuerzas		
Debilidades		
Habilidades técnicas		
Servicio al cliente		

Seguimiento de la Práctica

1. Recopile información sobre quiénes son sus principales competidores, qué pueden ofrecer a los clientes y cuáles son sus puntos fuertes y débiles.
2. Use esta información para posicionar su producto
o servicio como algo diferente y mejor que el de su
competidor en formas que sean importantes para
sus clientes.

Observación de su propio negocio

Las primeras tres secciones del análisis de situación re-
querían la recopilación y organización de una gran cantidad de piezas de información sobre el ámbito en que
usted opera, quiénes son sus clientes más probables, qué
quieren éstos, y los puntos fuertes y débiles de su competencia. Ahora ha llegado el momento de observar su
propio negocio desde el punto de vista de usted y el de
sus clientes.

Identifique los recursos disponibles para la futura
ejecución de planes basados en términos de mano de
obra, conocimiento, habilidades, capital, instalaciones,
equipo y otros recursos. Responda a las preguntas:

- ¿Qué es lo que hemos hecho bien?
- ¿Qué es lo que hemos hecho mal?
- ¿Hemos hecho las cosas correctas?

Conducción de un análisis FDOA

Una forma sencilla de recolectar esta información es llevar a cabo un análisis FDOA (por las siglas de fuerzas,
debilidades, oportunidades y amenazas). Usando las
categorías presentadas más adelante para estimular su

mente, convoque a una lluvia de ideas entre usted y sus empleados clave para descubrir sus puntos fuertes y débiles, sus oportunidades y amenazas. Primero, considérelos desde su punto de vista; posteriormente, trate de verlos desde el de sus clientes. Si no puede hacer una lista de sus fuerzas y debilidades desde la perspectiva de sus clientes, invítelos a participar en un grupo de control para que compartan sus opiniones con usted.

La única regla para la lluvia de ideas es que no haya crítica. Todas se apuntan en la lista; no se discute ninguna. Si ha pensado incluir diferentes niveles del personal, realice sesiones por separado con gerentes y empleados.

Fuerzas

Puntos que necesitan mejorarse
Calidad/diseño/desempeño
Eficacia del marketing
Recursos financieros
Relaciones con los proveedores

Puntos fuertes en el negocio
Producción/costo/precio
Personal
Instalaciones

Debilidades

Puntos que necesitan corrección
Producción/costo/precio
Personal
Instalaciones

Calidad/diseño/desempeño
Eficacia del marketing
Recursos financieros
Relaciones con proveedores

Oportunidades

¿Puedo cambiar estas
    circunstancias?
¿Qué tanto pueden durar estas
ventajas y cómo puede mi
negocio aprovecharlas mejor?

¿Podré beneficiarme
o construir a partir de
ello?

Amenazas

Si está fuera de mi control, ¿cómo afectará a mi negocio?	¿Qué tanto durarán estas desventajas y cómo puede mi negocio aprovechar mejor estas circunstancias?

Preparación para la Práctica Personal #12
Análisis FDOA

Reúnase con sus empleados y, en una sesión de lluvia de ideas, examinen sus puntos fuertes, puntos débiles, oportunidades y amenazas. Asegúrese de anotar cada uno de ellos, esté usted de acuerdo con ellos o no. Posteriormente podrá evaluarlos y priorizarlos.

Práctica Personal #12
Análisis FDOA

Fuerzas	Debilidades
Oportunidades	Amenazas

Seguimiento de la Práctica

1. Observe su negocio desde su propio punto de vista, el de sus empleados y, lo que es más importante, el de sus clientes.
2. Al planificar sus estrategias de marketing, use esta información para asegurarse de construir sobre sus puntos fuertes y reducir al mínimo sus puntos débiles.

La imagen de la compañía

La imagen es uno de los activos esenciales de una compañía. Esa imagen existe en la mente de los clientes que la compañía desea atraer. Una imagen que no existe es casi tan mala como una imagen negativa.

Cuando los clientes quieren comprar, ¿en qué establecimiento de productos o servicios piensan? ¿A dónde acuden primero para ir de compras? Si su negocio no está entre las primeras paradas que hace el cliente, usted no tiene una buena imagen. Las compañías que están en la parte alta de las listas de compras del cliente son los líderes del mercado y están en "la conciencia a flor de piel" del cliente.

Los dueños y gerentes deben examinar objetivamente cómo otras personas los ven a ellos, así como a sus productos y/o servicios. En una base periódica, quienes están en el negocio deberán observar cuidadosamente al personal de ventas, los contactos con el cliente, el servicio telefónico, las horas de trabajo, los productos y servicios, las instalaciones y el estacionamiento, y la facturación. Luego, deberán consultar estos mismos temas con los clientes.

Una vez que los dueños/gerentes hayan comparado sus puntos de vista con los de los clientes, el siguiente paso consiste en determinar cómo mejorar esa imagen. La imagen de una compañía está conformada por:

- Selección de productos y/o servicios
- Comunicación con el mercado objetivo
- Precios de los productos y/o servicios
- Apariencia del negocio, por dentro y por fuera
- Políticas de la compañía
- Detalles de comodidad para el cliente, incluyendo ubicación, horas de apertura y estacionamiento
- Servicio al cliente

Preparación para la Práctica Personal #13
Observación de mi negocio

Responda a las siguientes preguntas sobre su negocio tan honestamente como pueda. En el caso de las más subjetivas, puede pedir a sus empleados que las contesten en forma anónima. Si al hacer este ejercicio no encuentra nada negativo sobre su negocio, regrese y revise de nuevo su empresa. Si no encuentra defectos ni puntos débiles en ella, no tendrá la posibilidad de corregirlos.

Observe cómo José Luis, de Abarrotes Los Cuatro Vientos, completó la siguiente Práctica.

Práctica Personal #13
Observación de mi negocio

1. ¿Cuáles son las horas de apertura? Incluya días de la semana y horas del día.

   Domingo-viernes 11 a.m. a 7 p.m., sábado de 10 a. m. a 6 p.m.

2. ¿Qué servicios adicionales ofrece? (Pedidos especiales, estacionamiento, entrega, etc.)

   Ofrecemos pruebas de sabor, estacionamiento gratis. Pedido especial de productos difíciles de encontrar.

3. ¿Qué cambios ha hecho a su empresa durante los últimos dos años? ¿Cómo la han impactado esos cambios?

   Añadimos una nueva línea de productos, Salsas del Paraíso, que dio como resultado un volumen mensual de ventas de $4,000.

4. ¿Ha cambiado su base de clientes durante los dos últimos años? Si es así, ¿cómo?

   No he seguido la pista de mis clientes, así que no estoy seguro de que mi base de clientes haya cambiado.

5. ¿Qué tan importante es la ubicación para sus clientes? ¿Qué tan conveniente es su ubicación para ellos?

La ubicación es muy importante para los clientes. Estar situado a tres cuadras de un supermercado importante facilita que adquieran sus productos especiales en su camino de ida o regreso.

6. Describa la apariencia de su negocio, por fuera y por dentro.

El letrero afuera del negocio empieza a desdibujarse. En la ventana hay una serie de anuncios, algunos ya obsoletos. El estacionamiento y las aceras se mantienen limpios. Adentro, la tienda está muy llena de cosas. Con las líneas adicionales de producto que llevamos, el espacio en los anaqueles es muy escaso. Los anaqueles están muy bien ordenados y limpios. El diseño interno anima a los clientes a caminar por toda la tienda.

7. ¿Cuál es la política de servicio al cliente?

La política de servicio al cliente es tratarlo bien. Este incluye permitirle probar un producto antes de adquirirlo, darle sugerencias culinarias y ofrecer la garantía de devolver el dinero en los productos que se venden en las pruebas de sabor.

8. Desde el punto de vista de sus clientes, ¿qué podría resultar una falta de incentivo para comprar en su establecimiento? (precio, ubicación, estacionamiento, selección, cambios de posición, etcétera.)

Algunos de los productos se pueden encontrar en los supermercados más grandes, a un precio ligeramente menor.

9. Si sus clientes tuvieran que describir su compañía a un colega en una o dos frases, ¿qué le gustaría que dijeran?

"El lugar a donde acudir si deseas un poco usual regalo de sabor."

10. ¿Cómo promueve usted su negocio?

   Anuncios en el periódico de los jueves.

11. ¿Qué es lo que le gusta al cliente de su negocio y sus operaciones?

   Les gusta la ayuda que reciben, bien sea que estén pensando en una comida o una fiesta.

12. ¿Qué cambiarían sus clientes de su negocio y sus operaciones si pudieran?

   A los clientes les gustaría un poco más de espacio dentro de la tienda. Les gustaría que abriéramos hasta las 11 p.m.

13. ¿Cómo consideran los clientes a sus empleados? ¿Los emplearían?

   Los clientes consideran que mis empleados son conocedores y serviciales. Les gustaría contratarlos porque son buenos trabajadores y están automotivados.

14. ¿Por qué compran los clientes con usted y no con sus competidores?

   Porque pueden obtener más artículos raros y un servicio mucho mejor.

Práctica Personal #13
Observación de mi negocio

1. ¿Cuáles son las horas de apertura? Incluya días de la semana y horas del día.

2. ¿Qué servicios adicionales ofrece? (Pedidos especiales, estacionamiento, entrega, etc.)

3. ¿Qué cambios ha hecho a su empresa durante los últimos dos años? ¿Cómo la han impactado esos cambios?

4. ¿Ha cambiado su base de clientes durante los dos últimos años? Si es así,¿cómo?

5. ¿Qué tan importante es la ubicación para sus clientes? ¿Qué tan conveniente es su ubicación para ellos?

6. Describa la apariencia de su negocio, por fuera y por dentro.

7. ¿Cual es la política de servicio al cliente?

8. Desde el punto de vista de sus clientes, ¿qué podría resultar una falta de incentivo para comprar en su establecimiento? (precio, ubicación, estacionamiento, selección, cambios de posición, etcétera)

9. Si sus clientes tuvieran que describir su compañía a un colega en una o dos frases, ¿qué le gustaría que dijeran?

10. ¿Cómo promueve usted su negocio?

11. ¿Qué es lo que le gusta al cliente de su negocio y sus operaciones?

12. ¿Qué cambiarían sus clientes de su negocio y sus operaciones si pudieran?

13. ¿Cómo consideran los clientes a sus empleados? ¿Los contratarían?

14. ¿Por qué compran los clientes con usted y no con sus competidores?

Seguimiento de la Práctica

1. Observe su negocio desde el punto de vista de sus clientes. Esto servirá para descubrir las modificaciones que es preciso hacer en su producto o servicio, en su sistema de servicio al cliente, en la forma en que lleva su producto o servicio a sus clientes y en sus operaciones en general.
2. Use esta información para mejorar el nivel de calidad y servicio desde el punto de vista del cliente, y para desarrollar un mensaje promocional que motive a los prospectos a comprar con usted.

Haga una comparación

Ya que ha observado detenidamente a su competencia y a su propio negocio, necesita comparar el suyo con el de sus competidores. Le recomendamos enfocarse en las áreas comerciales con mayor impacto en su éxito. Al compararse con su competencia, recuerde observar a ambos negocios desde el punto de vista de sus clientes. Recuerde que cada uno de sus nichos de mercado puede ver las cosas de forma diferente. Por esa razón, le interesará realizar la siguiente práctica para cada uno de los nichos que quiera tener como meta.

Preparación para la Práctica Personal #14
Factores cruciales para el éxito

1. **Identifique los factores críticos para el éxito.** Empiece pensando en qué factores resultan cruciales para el éxito de un negocio como el suyo.

    Por ejemplo, si usted tuviera un restaurante, sería conveniente hacer una lista de los factores que sus clientes consideran para decidir acudir a su establecimiento. Podrían ser parecidos a éstos:

- Comida apetitosa
- Precios accesibles
- Limpieza
- Selección de platillos
- Secciones para fumadores y no fumadores
- Ambiente agradable
- Ubicación conveniente
- Servicio amable
- Secciones familiares
- Platillos saludables

En la columna A, registre los factores que son cruciales para que un negocio como el suyo tenga éxito.

2. **Sopese cada factor de éxito por su importancia.** Algunos de los factores probablemente serán más importantes que otros. Tome 100 puntos y divídalos entre los factores identificados, de forma que se refleje la importancia relativa de cada uno. Anótelos en la columna B.

   Sugerencia: Le puede ser útil empezar asignando un peso al factor más importante. Luego al menos importante. Después, sopese el factor más importante de los restantes, seguido por el menos importante, hasta que haya asignado los cien puntos a todos.

3. **Califique su negocio.** Por cada factor de éxito, califique el desempeño de su negocio usando una escala del 1 (bajo) al 10 (alto). Ponga la calificación de su negocio en la columna C. Sume todos los puntos de la columna y anote el total.

4. **Calcule sus calificaciones.** Multiplique sus Pesos de factor de éxito por sus Calificaciones (B x C). Pon-

ga el resultado en la siguiente columna: Tantos logrados.

5. **Evalúe a sus competidores.** Siguiendo los procedimientos de los pasos 3 y 4, califique a sus competidores en cada factor crucial de éxito y calcule sus tantos logrados.

6. **Calcule los tantos logrados por cada negocio.** En el renglón inferior, totalice el número de tantos logrados por cada negocio para determinar la calificación general de los negocios que incluyó.

Como adelanto de la siguiente Práctica, examine cómo Juan Carvajal, de Salsas del Paraíso, completó este ejercicio para el mercado restaurantero.

Práctica Personal #14
Factores cruciales del éxito

A. Factores cruciales del éxito	B. Pesos o importancia (de 100)	C. Sus calificaciones	Su negocio Tantos logrados (B x C)	D. Calificaciones de A	Competidor A Tantos logrados (B x D)	E. Calificaciones de B	Competidor B Tantos logrados (B x E)	F. Calificaciones de C	Competidor C Tantos logrados (B x F)
Sabores únicos	25	9	255	7	175	7	175	4	100
Frescura	20	9	180	9	180	8	160	9	180
Precios accesibles	10	7	70	8	80	9	90	7	70
Pedidos surtidos en 48 horas	15	7	105	7	105	5	75	9	135
Calidad consistente	25	9	225	8	200	6	150	9	225
Sugerencias para preparación	5	9	45	5	25	3	15	5	25
Totales	100		850		765		665		735

Práctica Personal #14
Factores cruciales del éxito

A. Factores cruciales del éxito	B. Pesos o importancia (de 100)	Su negocio		Competidor A		Competidor B		Competidor C	
		C. Sus calificaciones	Tantos logrados (B x C)	D. Calificaciones de A	Tantos logrados (B x D)	E. Calificaciones de B	Tantos logrados (B x E)	F. Calificaciones de C	Tantos logrados (B x F)

Seguimiento de la Práctica

1. Los tantos logrados obtenidos reflejan cómo se compara su negocio con el de sus competidores en cada factor que ha identificado como crucial para el éxito de un negocio similar al suyo. Los totales deben indicar las fuerzas y debilidades relativas tanto de su empresa como de la competencia. No obstante, recuerde que sus pesos y calificaciones son subjetivos y si usted tiende a ser exageradamente optimista, esto puede verse reflejado en los tantos logrados. De forma similar, si usted es su crítico más estricto, es posible que se haya subestimado. Trate de ser tan objetivo como sea posible en sus evaluaciones.

2. Los tantos logrados bajos son un reflejo de que hay problemas. No pase por alto la información que ha descubierto. Enfrente cada una de sus debilidades. Recuerde que cuando un problema se resuelve, fácilmente puede convertirse en una oportunidad. Piense positivamente.

3. Use los tantos logrados como guías o indicadores y no como un fin en sí mismos. El patrón de calificación le ayudará a encontrar áreas de oportunidades y amenazas a su supervivencia. En el ámbito de los negocios se presentan oportunidades y amenazas. Y, aunque son incontrolables, usted debe estar constantemente "ojo avizor" para determinar lo que sucede a su alrededor.

4. ¡Ahora es el momento de poner todo su esfuerzo en servicio de la planeación de la dirección que tomará en el futuro! Vayamos a la siguiente sección.

El plan de marketing: redactar los objetivos de marketing

Los puntos fuertes y débiles, las amenazas y oportunidades no le indican al tomador de decisiones lo que tiene que hacer. Lo que hacen es identificar las áreas que deben incorporarse a sus objetivos y actividades de marketing.

Los objetivos son metas que usted quiere alcanzar. Los logra diseñando estrategias o planes, cada uno basado en una serie de pasos. Intente enfocar sus objetivos en productos y/o servicios y mercados. Al vender o crear más valores en mercados existentes o nuevos, podrá lograr sus objetivos financieros. Como estrategias para lograr sus objetivos puede recurrir a cambios en el producto, los precios, la distribución y la promoción.

¿Cómo se redacta un buen objetivo? Sus objetivos deberán:

- ser **específicos**, no vagos.
- ser una acción cuyo avance pueda **medir**.
- dirigirse a temas que usted pueda **aplicar** y no a ideas grandilocuentes.
- ser **realistas**; las metas irreales le preparan para el fracaso aun antes de comenzar.
- incluir un elemento de **tiempo**, es decir, las fechas de inicio y terminación.

Los objetivos son resultados deseables logrados mediante sus propios esfuerzos, son declaraciones de lo que se espera de poner en marcha un conjunto de actividades empresariales. Los objetivos ofrecen dirección a su esfuerzo de marketing y deciden hacia dónde debe ir su empresa.

Reconozca las oportunidades que le pueden dar ventajas. Hay muchos mercados a los que puede elegir para ofrecer sus servicios, y necesidades que podrá satisfacer. Armado con la información de su análisis de situación, realice una lluvia de ideas para ver cuáles podrían ser las posibilidades a largo plazo de su compañía. No se conforme con extrapolar el futuro basándose en el pasado. Elimine esa visión de túnel y observe todo lo que su empresa podría lograr.

Después, analice cada uno de los objetivos potenciales para ver cómo se ajustan a la misión, las fuerzas y debilidades, los recursos de su empresa y otros objetivos. Usted no puede hacer todo, así que enfóquese en el área donde pueda servir con más facilidad y rentabilidad, y permanezca en esa área. Cuando esté bien arraigado y tenga una reputación sobresaliente en ella, entonces podrá ampliar sus puntos de enfoque.

Una vez que haya fijado una dirección con sus objetivos a largo plazo, fije sus objetivos a corto plazo. Asegúrese de que se trate en realidad de metas y no de estrategias. Por ejemplo, el objetivo: "Hacer 50 llamadas de telemarketing por mes" no es realmente un objetivo. El resultado que usted quiere alcanzar no son 50 llamadas por mes, sino organizar 10 citas de ventas o vender cinco unidades por mes. El telemarketing es una de las muchas estrategias que puede escoger para lograr su meta. Los objetivos de corto plazo suelen expresarse en forma de ventas de unidades o ingreso de dinero, número de clientes nuevos, porcentaje de los clientes actuales retenidos, cantidad de nombres que se añaden a la lista de correos, etcétera.

Preguntas por hacerse acerca de los objetivos del marketing

- ¿Puede mi cliente usar realmente tanto producto/servicio como el que yo predigo?
- En forma realista, ¿puedo producir el producto/servicio a un precio competitivo y en la cantidad necesaria?

- ¿Tengo los recursos financieros y humanos para lograr estos objetivos?
- ¿Qué reacciones puedo esperar de mi competencia y qué efecto tendrán?

Objetivos inteligentes

¿Cuántos objetivos deberá fijar? Escriba sólo los que en verdad pueda alcanzar. No prepare su propio fracaso aceptando más de los que pueda lograr. De cinco a siete buenos objetivos parece un número razonable para la mayoría de los empresarios. Un objetivo debe ser:

Específico
- No use términos amplios, como mejor, el más grande, el más pequeño.
- No use términos vagos, como más o menos, minimizar o maximizar.

Medible
- No use rasgos o características que sean difíciles o imposibles de medir.

Aplicable
- No fije objetivos relacionados con factores sobre los que no tenga influencia.

Realista
- No fije objetivos que no se puedan lograr y a los que por consecuencia no se les tome en serio.

Con límite de tiempo
- No olvide incluir las fechas de inicio y terminación; de otra manera, puede continuar trabajando en objetivos que no ha logrado tras varios años de esfuerzos.

En la Tabla 2.3 se contrastan los objetivos inteligentes con los que no lo son.

Tabla 2.3. Objetivos inteligentes *versus* los que no lo son

Objetivos "Hagan lo mejor que puedan"	Objetivos INTELIGENTES
Pensamos aumentar las ventas durante el año venidero.	Lograr una participación del 20% en el mercado de palas de nieve de Wisconsin para fines de 1998.
Lograr una porción de mercado lo más grande posible para nuestro recogedor de polvo eléctrico.	Al final del primer trimestre de 1998, 10 mil clientes del mercado objetivo deberán haber manejado a prueba la motocicleta XL 5000
Poner nuestro producto a disposición de los diez principales mercados de la metrópoli	Tras un mes de distribución de muestras de producto en el mercado de Wausau, lograr que 100 antiguos clientes de las bandas de hule marca Acme digan que Primo es el fabricante de las mejores bandas de hule del mercado

---

Preparación para la Práctica Personal #15
Redacción de objetivos

Usando la siguiente Práctica Personal de Redacción de objetivos, identifique cada segmento de mercado y los objetivos que ha fijado para cada uno.

Práctica Personal #15
Redacción de objetivos

Segmento del mercado objetivo	Objetivo	¿Es inteligente?

Seguimiento de la Práctica

1. Haga que cada objetivo sea tan inteligente (específico, medible, aplicable, realista y con límite de tiempo) como sea posible. Solamente así podrá seguir la pista de su avance (o falta de él).
2. Considere las prioridades de sus objetivos: ¿cuáles será más importante para usted lograr? Asegúrese de que su planeación y sus esfuerzos de realilzación reflejen este orden.

El plan de marketing: desarrollo de estrategias y planes de acción

¿Cómo llegaremos a donde queremos ir?
¿Cuándo queremos llegar?
¿Quién es responsable?
¿Cuánto costará?

Los objetivos y las metas están bien, pero no hacen el trabajo por sí solos. Ha llegado el momento de determinar qué acciones debe tomar para lograr sus objetivos.

Es necesario diseñar estrategias o planes de acción para que usted logre sus objetivos. Las estrategias deben pensarse en términos amplios. La forma en que logrará sus metas puede implicar una serie de acciones. Dese tiempo para examinar lo que propone antes de iniciar el proceso de implantación. Si se pone en marcha su estrategia, ¿ayudará a traerle negocios con una ventaja competitiva? Observe cómo podría funcionar este proceso mediante un ejemplo.

Imaginemos que después de llevar a cabo un análisis FDOA (véase la página 95), usted identificó que uno de sus puntos fuertes es retener a los clientes. Por desgracia, una de sus debilidades era conseguir nuevos clientes. Para esto, se ha propuesto un objetivo que es añadir y retener cinco nuevos clientes que adquieran un valor de $XX por bienes/servicios en cada uno de los 12 meses siguientes. ¿Cómo logrará cumplir con esta tarea? Su respuesta a esta pregunta se convierte en su estrategia.

Existe una variedad de estrategias que pueden ayudarle a lograr esta meta. En los dos Retos siguientes, "Lograr una mezcla eficaz de marketing" y "Comunicarse con su mercado" se analizarán las estrategias que puede escoger. Algunas opciones podrían ser:

- El uso de correo directo para generar contactos
- Alterar los precios de ciertos productos y servicios
- Modificar o añadir nuevos productos o servicios
- Cambiar el sistema de distribución
- Usar el telemarketing para calificar los contactos

Preparación para la Práctica Personal #16
Mi plan de acción

Los gerentes deben sopesar sus opciones y tomar decisiones. Es obvio que se requerirán varios pasos para implantar cualquier estrategia que haya escogido. Seguir la pista a todas las tareas involucradas en la ejecución de su plan también es un trabajo importante. Se requiere monitorear y registrar muchos detalles. La Práctica Personal #16 puede auxiliarle en esa tarea. Delinee los pasos específicos para cada uno de los objetivos. Identifique a la persona o personas responsables de lograr una tarea. Acuerde las fechas de inicio y terminación. Prepare los presupuestos necesarios para llevar a cabo las actividades.

Para cada objetivo tendrá al menos una estrategia. Haga copias de esta forma para cada estrategia que vaya a implantar. Enliste todos los pasos necesarios para hacerlo. Empiece por el último y trabaje en reversa, asignando una persona responsable y una fecha de inicio y terminación. Donde resulte apropiado, incluya el costo de cada paso específico.

Práctica Personal #16
Mi plan de acción

Objetivo:

Estrategia:

Actividades para llevar a cabo la estrategia	Persona(s) responsable(s)	Fecha de inicio	Fecha de terminación

Seguimiento de la Práctica

1. Al desarrollar planes de acción, estará asegurándose de concentrar sus esfuerzos en las estrategias que son importantes para el éxito de su empresa.

2. Al incluir fechas límite y calendarizar todos los pasos de una estrategia, eliminará muchos de los "incendios" que tuvo que apagar en el pasado. Estos planes se pueden usar para comunicar a los empleados lo que se espera de ellos y cuándo. Les mostrará a todos su lugar en el panorama global. Los planes pueden también usarse para supervisar su desempeño.

3. Al añadir cifras del presupuesto a los pasos del plan, puede preparar una declaración sobre el flujo de efectivo proyectado.

4. Hay cinco factores que tienen un impacto enorme en la puesta en marcha de cualquier estrategia que haya seleccionado:

   1. La consistencia
   2. La lucha por lograr situaciones en las que todos ganen
   3. El poner a prueba sus ideas en forma enfocada al marketing
   4. La creación de una atmósfera empresarial
   5. El monitoreo del ambiente cambiante

Evaluar los resultados

¿Qué tal nos va?
¿Hicimos lo que dijimos que íbamos a hacer?

Compare el progreso real con los resultados que se planearon; investigue las razones por las que hubo desviaciones; inicie medidas correctivas; cambie de objetivos, estrategias y/o planes o programas de acción.

Una vez iniciadas las actividades, los gerentes deben monitorear los resultados de las acciones y ajustar o modificar los planes de acuerdo con ellos. Si su objetivo incluía todas las características inteligentes, no debe ser difícil de vigilar. Planear por adelantado cómo va a efectuar el monitoreo le puede ahorrar problemas después. La siguiente Práctica Personal, Monitoreo de mis objetivos, se puede usar para resumir todos sus objetivos.

Preparación para la Práctica Personal #17
Monitoreo de mis objetivos

Enliste cada uno de sus objetivos y explique cómo va a monitorear el avance hacia su logro. Mes con mes, añada los resultados en la columna correspondiente.

Práctica Personal #17
Monitoreo de mis objetivos

Enliste cada uno de sus objetivos y explique cómo va a monitorear el avance hacia su logro. Mes con mes, añada los resultados en la columna correspondiente.

Objetivo	Cómo se monitoreó	Resultados

Seguimiento de la Práctica

1. Determine si está en camino de lograr sus metas. El monitoreo de su avance le dará ánimos para analizar lo que está y no está funcionando.
2. Limite sus gastos si parece que no va a lograr sus metas de ingresos.

Ha completado el Reto 2

Al llegar al final de este Reto, deberá tener cimientos sólidos para su plan de marketing. Ahora cuenta con un mejor entendimiento del medio ambiente en que opera, una definición clara de sus grupos de clientes más probables y una mejor comprensión de las necesidades de éstos. Manteniendo tal información en mente, ha evaluado su negocio comparándolo con los de sus competidores, para determinar por qué los clientes le compran a usted y no a ellos. También ha descubierto algunos puntos débiles en su negocio que deben corregirse. Basado en la información que recolectó, fijó objetivos inteligentes para dirigir al negocio a donde quisiera que llegara. Y, finalmente, ha aprendido a curar la locura (hacer las mismas cosas una y otra vez y esperar resultados distintos) monitoreando su progreso; deje de hacer lo que no funciona y haga más de lo que sí funciona.

En los siguientes dos Retos, usted investigará las diferentes estrategias de marketing que quizá le interese tomar en cuenta para su propio negocio. Cuando las haya seleccionado, puede regresar a este Reto y completar un plan de acción para cada estrategia que vaya a poner en marcha.

Deja el Reto 2 con lo siguiente:

Información. Ya sabe:
- cómo completar un plan de marketing
- cómo los factores ambientales pueden impactar su negocio
- quiénes son sus clientes más probables y qué es lo que quieren
- cuáles son los puntos fuertes y débiles de sus competidores
- cómo ven los clientes a su negocio
- cómo redactar objetivos inteligentes
- cómo desarrollar planes de acción
- cómo hacer el monitoreo de sus resultados

Herramientas. Cada una de las Prácticas que completó puede usarse como una herramienta para reunir la información que precisa para planificar el éxito de su negocio y tomar mejores decisiones empresariales.

Aprendizaje. Ha aprendido a usar el conocimiento adquirido para desarrollar un plan de marketing. Al completar este proceso, tiene una mejor comprensión de su propio negocio, su competencia y sus clientes.

Trabajo en red. Ha descubierto recursos para obtener la información que requiere para tomar mejores decisiones para su negocio. Sabe ya que cotidianamente se topa con la información que precisa para tomar decisiones y que si la archiva, siempre estará accesible para cuando la necesite.

Reto 2: Autoevaluación

Después de completar este Reto, deberá empezar a desarrollar un plan de marketing para su negocio. Para descubrir todas las estrategias potenciales que quizá desee incorporar a su plan de marketing, tendrá que completar los dos últimos retos. Para comprobar su nivel de comprensión y guiarle en el desarrollo de su plan de marketing, responda a los siguientes puntos.

Análisis de situación

( )   Puedo identificar cómo la economía impactará mi negocio a lo largo del año que viene.

( )   Estoy consciente de las leyes que debo acatar.

( )   Estoy consciente de las tendencias que pueden impactar la demanda por mi producto o servicio.

( )   Tengo cierto conocimiento de las nuevas tecnologías que afectan a mi negocio.

( )   Puedo describir dos o tres nichos de mercado a los que me gustaría entrar.

( )   Puedo describir lo que cada nicho requiere de un negocio como el mío.

( )   Puedo estimar el ingreso a esperar de cada mercado.

( )   Puedo identificar las fuerzas y debilidades de mis principales competidores.

( )   Puedo identificar mis propias fuerzas y debilidades.

( )   Puedo describir la imagen de mi compañía desde el punto de vista de cada uno de los nichos donde espero entrar.

( )   Puedo escribir de tres a cinco objetivos inteligentes.

( )   Puedo determinar como mediré el avance hacia el logro de cada objetivo.

Reto 3

___

LOGRAR UNA MEZCLA
EFICAZ DE MARKETING

___

Una receta casera para galletas requiere de una cuidadosa mezcla de ingredientes, en proporciones exactas, y horneados durante determinado tiempo.

Asimismo, para obtener un buen resultado con el marketing de su compañía, deberá seleccionar cuidadosamente sus actividades mercadológicas, combinándolas tomando en cuenta su interrelación y los recursos financieros que requieren. Después, habrá que mezclar todos estos elementos para obtener un resultado más poderoso que cualquier actividad, y luego hacer acopio de paciencia y concederles el tiempo necesario para que se "horneen", es decir, captar la atención del cliente, generar interés y fomentar el deseo de que compren los productos de su compañía.

Este reto se ha diseñado con el fin de brindarle un marco de referencia para evaluar la eficacia de su actual estrategia de marketing, analizando las tres áreas clave que se combinan en la creación de la mezcla de marketing: desarrollo del producto, decisiones sobre el lugar y fijación de precios. Dicha mezcla es el conjunto de decisiones sobre el producto, el lugar y los precios con los que pretende atraer la atención del mercado objetivo.

Ingredientes clave

Las decisiones específicas que debe revisar son:

- **Decisiones sobre producto/servicio**
  surtido de producto
  desarrollo de nuevo producto
  garantías
  estrategias de marca
  empaque
  etiquetado
  ciclo de vida del producto

- **Decisiones sobre ubicación**
  exposición al mercado
  canales de distribución
  ubicación
  días y horas de operación

- **Decisiones sobre precios**
  fijación de precios
  estrategia de precios e imagen corporativa
  estrategias de precios y ciclo de vida del producto

La mejor mezcla de estas actividades varía de un negocio a otro. La manera como usted mezcle estos elementos dependerá de factores como los objetivos de su compañía, su imagen en el mercado y su capacidad para dedicar recursos económicos y humanos al marketing.

La mezcla de marketing también está moldeada por circunstancias fuera de su control, entre las que se incluyen:

- Las tendencias demográficas y culturales que afectan las necesidades, hábitos y estilos de vida de los clientes
- El número de competidores y su grado de competitividad
- Las condiciones económicas existentes y proyectadas
- Los cambios tecnológicos
- Las leyes y reglamentos locales, estatales, federales y/o de dependencias gubernamentales

Los dueños y gerentes de negocios deben saber cómo estos factores afectarán su capacidad de comerciar sus productos y servicios. Algunas influencias ofrecen oportunidades de crecimiento para los negocios, mientras que otras pueden amenazar su existencia.

Ya hemos examinado su manera actual de realizar el marketing de su compañía; analizamos la utilidad de diversos tipos de investigación de mercado para obtener los conocimientos necesarios y revisamos las técnicas que se usan para conjuntar un plan de marketing orientado a resultados. El Reto 3 le introduce de lleno en este campo, logrando que su plan produzca ventas.

La **Parte Uno** de este Reto presenta las decisiones clave que deben tomarse para un desarrollo de producto o servicio eficaces. Al terminar la Parte Uno, usted podrá:

- evaluar su surtido de productos desde el punto de vista de la satisfacción del cliente
- crear un sistema confiable para el desarrollo de un producto nuevo
- desarrollar su producto o servicio hasta hacerlo una marca de renombre

- determinar en qué etapa del ciclo de vida se encuentra el producto y utilizar este conocimiento para colocarlo mejor en el mercado
- asegurarse de desarrollar un soporte eficaz al producto/servicio mediante decisiones relacionadas con las garantías, empaque, etiquetado, etcétera

En la **Parte Dos** de este Reto se examinan las decisiones de marketing que involucran la ubicación y que están diseñadas para que sus productos o servicios estén al alcance de sus clientes en los sitios y los tiempos adecuados. La combinación de estas decisiones con frecuencia crea ventajas competitivas, ya que no pueden ser fácilmente imitadas por otros negocios. Al terminar la Parte Dos, usted podrá:

- determinar cuán ampliamente deberá distribuir su producto o servicio para alcanzar el nivel deseado de contacto con el cliente
- identificar y seleccionar entre una diversidad de opciones de distribución basándose en la cobertura de distribución que desea
- llevar a cabo una revisión de los puntos de venta idóneos para lograr la satisfacción del cliente y tomar decisiones de ubicación apropiadas
- examinar otros factores de conveniencia como: horas de trabajo, facilidad para hacer pedidos y facilidad de pago

La **Parte Tres** de este Reto aborda la importante tarea de fijar los precios de sus productos y servicios con el fin de crear un valor que los clientes estén dispuestos a comprar, al mismo tiempo que garantice ganancias aceptables para su negocio. Al terminar la Parte Tres, usted podrá:

- relacionar los precios fijados con el perfil de su mercado objetivo
- examinar el efecto que los precios fijados tienen sobre la imagen de su compañía

- identificar y revisar una diversidad de estrategias de fijación de precios y aprender a seleccionar el(los) más apropiado(s) para ofrecer satisfacción al cliente y aumentar al máximo sus ganancias
- examinar las decisiones relacionadas como descuentos, rebajas, depósitos, rembolsos, etc. para determinar su importancia en la estrategia general de fijación de precios

PARTE UNO:
Decisiones sobre el producto

Un producto es todo lo que se ofrece al cliente para su adquisición, uso, consumo o atención. No necesariamente se trata de un artículo tangible, pues los productos pueden incluir servicios, personalidades, lugares, organizaciones e ideas. Algunos son una combinación de bienes, en el sentido de que tienen un componente tangible y uno intangible.

Esta publicación se concentrará en el marketing de bienes, servicios y lugares tangibles y combinados; sin embargo, muchos de los mismos conceptos pueden usarse para comercializar personalidades, organizaciones e ideas. El primer paso en la mezcla de marketing es el diseño, el desarrollo y/o la compra de productos que ofrezcan características y beneficios que satisfagan las necesidades del cliente. Las decisiones del producto se relacionan con el surtido, la garantía, las marcas, el empaque y el etiquetado.

Surtido del producto

Sin importar la clase de negocio al que se dedique, la decisión más importante que tendrá que enfrentar es qué tipo de producto(s) va a fabricar o a vender. Esto significa algo más que sólo escoger la mezcla adecuada de productos. Para ser competitiva, una empresa debe ofrecer la calidad que los clientes esperan.

La clave para escoger el surtido correcto de producto se encuentra en el concepto mismo de marketing: satisfacerlas del cliente y, antes de hacerlo, conocerlas. Se recomienda fomentar una constante retroalimentación entre clientes y empleados, revisar los productos devueltos, analizar las quejas y las ventas perdidas e identificar los productos más vendidos para averiguar qué los hace tan populares.

Para mantener una ventaja competitiva, su negocio debe ir un paso adelante ofreciendo un producto que exceda las expectativas del cliente. A eso se refieren los clientes cuando hablan de "valor". Considere el éxito de la cadena de pizzas Little Caesar´s que ofrece: "Dos estupendas pizzas a un bajo precio. ¡Siempre! ¡Siempre!".

Salsas del Paraíso, Juan Carvajal: Al principio estábamos limitados y ofrecíamos lo que nos dijeron que era una "línea de productos demasiado estrecha". ¡Caramba!, nos esforzábamos mucho sólo para producir nuestros tres primeros productos: una salsa picante, una salsa de jengibre y un catsup saborizado. Pero los mayoristas de alimentos insistían en que debíamos hacernos más importantes para los minoristas. Nos hemos apoyado demasiado en la misma técnica con la que iniciamos para dar a conocer nuestros productos: muestras en la calle desde un carrito para conocer la opinión del cliente sobre nuevas ideas del producto. También hemos organizado un par de concursos entre nuestros minoristas, obsequiando un viaje redondo a Jamaica por la mejor receta nueva de la "isla".

PSI

Ejemplos de productos

Bienes tangibles: productos de pastelería, llantas, lubricantes, computadoras, barcos, queso

Servicios: cortes de cabello, cuidado del jardín, limpieza de casas, lavado de automóviles, lecciones de baile, tintorerías, servicios legales, seguros

Personalidades: actores, candidatos políticos, atletas

Lugares: un centro comercial, una universidad, un centro vacacional, un banco

Organizaciones: institución de beneficencia, Cruz Roja, un partido político

Ideas: "Dí No a las Drogas", "Póngase el cinturón", "Si toma, no maneje"

Combinación: servicios de ortodoncia, cena en un restaurante, un cambio de aceite

Abarrotes Los Cuatro Vientos, José Luis: Es vital para nuestra sobrevivencia estar al día respecto a los gustos del cliente. No podemos igualar el surtido ni los precios que ofrecen los supermercados, por lo que debemos competir con un servicio de excelencia. Frecuentemente hacemos demostraciones en la tienda repartiendo cupones de descuento; asimismo, a través de nuestras clases de cocina, solicitamos ideas para nuevas recetas y productos. También recibimos cartas al editor de nuestro boletín mensual, y contamos con un buzón de sugerencias en el interior de la tienda.

Preparación para la Práctica Personal #18: Nuestro surtido de producto

No es fácil exceder las expectativas del cliente; se requiere de una vigilancia constante y un profundo compromiso con la idea de nunca sentirse satisfecho con los beneficios que uno ofrece a través de sus productos y servicios. Hay que saber escuchar para reaccionar en forma correspondiente.

La siguiente Práctica Personal le ayudará a examinar la manera cómo combina usted sus productos y servicios para lograr la completa satisfacción del cliente.

Como preparación para esta Práctica Personal, examine la forma como Juan Carvajal, el empresario de este ejemplo, realizó esta práctica.

Práctica Personal #18
Nuestro surtido de producto

1. En relación con sus dos productos o servicios de mayor venta, indique la necesidad clave del cliente que está tratando de satisfacer y explique detalladamente las características y beneficios que ha creado para lograrlo.

Producto # 1:

   Salsas Paraíso -Salsa caribeña "Trueno"

Necesidad del cliente # 1

   (Necesidad del minorista) Exhibir, demostrar y explicar el uso del producto con artículos alimenticios complementarios.

Producto # 2:

Necesidad del cliente # 2

Características del producto:

Beneficios del producto:

2. ¿De qué forma ofrece variedad en su producto?

    Ofrecemos diversos grados de picante en una salsa dada, y varias combinaciones de ingredientes. También ofrecemos dos o tres productos complementarios en la compra de otro.

3. Describa algún cambio de características y/o beneficios que haya implantado durante el año pasado como resultado de una queja o sugerencia del cliente.

    Añadir en el empaque la línea de llamada gratuita para obtener nuestras recetas.

4. Describa una modificación en las características y/o beneficios que haya implantado durante el año pasado como resultado de acciones de la competencia.

    Ofrecemos paquetes de regalo.

    4a. ¿Cómo se recibió este cambio?

    Excepcionalmente bien en días festivos. Nuestra investigación posventa indica que nuestro surtido de productos ayuda a que el cocinero novato aumente su colección de especias.

    4b. Si no se recibió bien, ¿por qué?

5. Describa cómo cree que las características y beneficios de su producto exceden la expectativa del cliente.

    Ofrecemos un frasco de condimento gratis por cada compra de salsa Trueno de 32 onzas, un producto especial que no tienen la mayoría de los hogares.

Práctica Personal #18
Nuestro surtido de producto

1. En relación con sus dos productos o servicios de mayor venta, indique la necesidad clave del cliente que pretende satisfacer y explique detalladamente las características y beneficios que ha creado para lograrlo.

Producto # 1:

Necesidad del cliente # 1

Características del producto:

Beneficios del producto:

Producto # 2:

Necesidad del cliente # 2

Características del producto:

Beneficios del producto:

2. ¿De qué forma ofrece variedad en su producto?

3. Describa algún cambio de características y/o beneficios que haya implantado durante el año pasado como resultado de una queja o sugerencia del cliente.

4. Describa una modificación en las características y/o beneficios que haya implantado durante el año pasado como resultado de acciones de la competencia.

    4a. ¿Cómo se recibió este cambio?

    4b. Si no se recibió bien, ¿por qué?

5. Describa cómo cree que las características y beneficios de su producto exceden la expectativa del cliente.

Seguimiento de la práctica

1. Vuelva a examinar con cuánta frecuencia habla usted con los clientes, registra sus sugerencias y toma acción al respecto. Al final de cuentas, el cliente no quiere sólo valor, sino también sentirse apreciado.
2. Analice la utilidad de su sistema actual para obtener información sobre productos de la competencia. ¿Por qué volver a inventar el hilo negro si puede encontrar un punto de partida en las acciones que toma la competencia?
3. Evalúe con honestidad si realmente los clientes perciben estar recibiendo un valor y un servicio buenos.

Nuevos productos

Los nuevos productos son el alma de su negocio. Las exigencias del cliente y los constantes cambios en la tecnología afectarán la rapidez con que los productos se mueven en su ciclo de vida. Para mantener el surtido del producto vivo y actualizado, hay que renovarlo constantemente con nuevas ofertas.

Un nuevo producto puede ser una innovación técnica cuya patente es de su propiedad. También puede tratarse de uno que ya lleva tiempo en el mercado, pero que es nuevo para su negocio, o bien, un producto existente al cual le han hecho "cirugía plástica" para actualizarlo.

Los clientes, empleados, proveedores, las organizaciones comerciales y profesionales son buenas fuentes de ideas para nuevos productos. Usted podrá obtener ideas si:

• Realiza encuestas con clientes, empleados o proveedores

- Celebra concursos para que los clientes u otras personas generen ideas sobre productos nuevos
- Lee publicaciones profesionales y asiste a las ferias comerciales

Garantía

La garantía es la seguridad de que un negocio repondrá o rembolsará parte del precio de compra si el consumidor descubre algún defecto o alguna carencia en el mismo. La garantía suele expirar después de cierto periodo de tiempo o de uso.

Dado que la garantía demuestra que la empresa está apoyando a su producto, representa una ventaja competitiva. Cuando no se puede evaluar la calidad de un producto hasta que se use, la garantía reduce la desconfianza del cliente.

Además de atraer la buena voluntad del cliente, las garantías proporcionan valiosa información sobre la confiabilidad del producto. Usted como fabricante puede analizar los productos devueltos y descontinuar y corregir los defectuosos. En un mercado competitivo, las garantías ayudan a que un negocio corrija un error y conserve o recupere a un cliente insatisfecho.

Estrategias de marca

La marca es un nombre, término, señal, símbolo, diseño u otra combinación que se usa para ayudar al cliente a reconocer productos/servicios y diferenciarlos de los de la competencia. Todo componente de la marca que no pueda ser usado legalmente por otra compañía se denomina marca comercial. Un producto/servicio sin marca se denomina producto genérico.

Tradicionalmente, los fabricantes sólo asignaban marcas a los productos cuya calidad podían asegurar. Como la mayoría de los clientes consideraba que un producto de marca era de mejor calidad que los productos sin ella, y estaban dispuestos a pagar más, los fabricantes y los intermediarios subían los precios. Sin embargo, con frecuencia era casi imposible distinguir entre los productos sin marca y con marca.

En la actualidad las marcas ya no poseen esa magia. Los negocios ya no pueden aumentar el precio de un producto sólo porque su nombre es conocido. Los clientes de hoy son consumidores inteligentes, y ya no están dispuestos a pagar más por una marca cuando tienen a su alcance productos genéricos o menos conocidos. El consumidor moderno paga más solamente cuando sabe que el producto ofrece un valor excepcional. Dada esta tendencia, usted tiene tres alternativas en lo que respecta a las decisiones de marca: puede optar por una estrategia individual, familiar o de registro legal; o tal vez se incline por una estrategia para un producto y una diferente para otro.

La estrategia individual de marca se utiliza cuando es importante separar la identidad de un producto de otros que ofrece un mismo negocio. En los pasillos del supermercado abundan ejemplos de esto. Procter and Gamble, por ejemplo, usa nombres distintos para sus detergentes de ropa, para subrayar las características limpiadoras de cada uno; por su parte, Mars vende una gran variedad de golosinas, y cada uno ostenta su propia marca.

Bajo la estrategia de marca familiar, un negocio utiliza el mismo nombre (por lo general el de la compañía o el de algún otro artículo) en los productos que fabrica o vende. Esta estrategia permite ahorrar más y/o capitalizar el nombre y la reputación de un producto existente. La cerveza Leinenkugel y los productos de queso refrigerados Merkt son de marca familiar. Muchos minoristas, incluyendo Dayton's y K-Mart, tienen marcas de etiqueta propia que se venden bajo un nombre de marca familiar.

Los negocios que siguen la estrategia de marca registrada, "rentan" el nombre reconocido de otro negocio, en vez de usar un nombre específico. Cualquier persona con hijos estará familiarizada con la diversidad de productos con licencia para llevar el nombre de Tortugas Ninja.

Empaque

El empaque cumple varios propósitos. Protege a los productos, facilita su transporte y almacenaje e incluso, mejora la imagen de cualquier artículo. El empaque logra que el producto sea más funcional o facilita su identificación cuando se encuentra inmerso en un mar de competidores. Asimismo, un empaque bien diseñado se convierte en un vendedor silencioso al proveer de identidad a un producto, ofrecer información sobre él y/o convertirlo en un exhibidor en el punto de compra.

Si usted ofrece servicios, también debe tomar en cuenta el empaque. Los uniformes atractivos para los empleados ofrecen una imagen limpia y más profesional de una empresa y ayudan a que los clientes la identifiquen a través de su personal. Otras formas de empacar un servicio incluyen el diseño de anuncios, logos, papelería, el exterior y el interior de las tiendas u oficinas y los exhibidores en los vehículos de la compañía.

Etiquetado

Ya sea que el etiquetado sea exigido por ley o se ofrezca para favorecer al cliente, siempre debe decir la verdad y ser fácil de leer y comprender. Las etiquetas deben reflejar las necesidades del cliente, por lo que las gráficas, colores, logos y/o tipografía deben destacar la imagen del negocio.

Ciclo de vida del producto

Un producto pasa por cuatro etapas: introducción, crecimiento, madurez y decadencia. La tecnología, la competencia y la conciencia y demanda del cliente influyen en la rapidez con que se mueve un producto durante su ciclo de vida.

Introducción: El producto es una innovación y quizá no tenga competencia directa gracias a las patentes, la tecnología o a un concepto verdaderamente original. Las ventas son lentas cuando el cliente no sabe que el producto existe, y las ganancias serán bajas debido a los altos costos de desarrollo y promoción de un producto nuevo.

Crecimiento: Aún relativamente nuevo, el producto empieza a resentir la competencia directa. Las ventas suben conforme los clientes adquieren conciencia de su existencia, y esto redunda positivamente en las ganancias. Debido a que son pocas las presiones de la competencia, es muy probable que el producto genere mayores ganancias durante esta etapa.

Madurez: El producto enfrenta diversos competidores directos. Los clientes ya lo conocen, pero se podrían introducir versiones nuevas y mejoradas para mantenerlo fresco y actual. Las ventas empiezan a alcanzar su máximo y la competencia directa está en su punto más activo. Es posible que las ganancias empiecen a nivelarse o a declinar.

Decadencia: El producto comienza a ser obsoleto conforme la tecnología avanza y las necesidades y estilos de vida cambian; la demanda disminuye, los clientes lo solicitan sólo ocasionalmente. Éstas son señales inequívocas de que el producto o servicio pronto saldrá del mercado.

El tiempo que un producto permanece en cada etapa varía considerablemente. Los productos de moda pronto pasan de la introducción a la decadencia; el ciclo de vida de una novedad puede ser de semanas o meses. La mayoría de los productos tardan varios años en llegar a la etapa de madurez, y tienden a permanecer en ella durante mucho tiempo.

Ejemplos de productos en diversas etapas de su ciclo de vida

Introducción
Televisores de alta resolución, automóviles eléctricos o de baterías, frutas y vegetales de ingeniería genética, el hipertexto, grasas dietéticas artificiales usadas en la producción de alimentos, servicio de compra desde el hogar a través de las computadoras, los productos medicinales preparados con base en hierbas, los programas de aprendizaje educativo a distancia.

Etapa de crecimiento
Vegetales hidropónicos, servicios de telefonía celular, productos y empaques ecológicos, discos compactos, servicios de compra por televisión, servicios de reciclaje.

Etapa de madurez
Servicios de renta de vídeos, clubes de salud, servicios de guardería, peluquerías, servicios dentales, automóviles, computadoras, audiocasetes, la mayoría de los productos de abarrotes, servicios legales.

Etapa de decadencia
Televisores en blanco y negro, máquinas de escribir manuales, lavadoras de rodillos.

Con base en estos ejemplos, usted podrá determinar en cuál etapa se encuentra su producto. Conocer el ciclo de vida de los artículos ayuda a los empresarios a actualizar su surtido y señala la necesidad de desarrollar innovaciones que tomen el lugar de los que ya están en decadencia. También ayuda a las tomas de decisiones relacionadas con precios, lugar y promoción de un producto.

P S I

Cómo influye el ciclo de vida de un producto en sus decisiones de marketing

Si el producto está en la etapa introductoria:

Decisiones sobre el producto

- Enfóquese en las estrategias de marca, selección de empaque, colores descriptivos, logotipos y marcas registradas.

Fijación de precios

- Piense en precios bajos o precios de introducción. (Véase la Parte Dos de este Reto.)

Ubicación

- Diseñe estrategias para lograr que mayoristas y minoristas comercialicen el nuevo producto.

Si el producto está en la etapa de crecimiento:

Decisiones sobre el producto

- Desarrolle un sistema sencillo y eficaz de hacer pedidos; preste atención a la variedad de que dispone y al servicio que acompaña al producto.

Fijación de precios

- Los precios empiezan a bajar conforme el producto enfrenta la competencia directa.

Ubicación

- El número de distribuidores aumenta como resultado de la creciente demanda por parte de los clientes, y de los esfuerzos para atraer puntos de venta. Aprenda a seleccionar a sus distribuidores para detectar a los más adecuados para comercializar su producto.

Si el producto está en la etapa de madurez:

Decisiones sobre el producto

- Las modificaciones en un producto existente crean una nueva expectativa, lo vuelven más competitivo, atraen nuevos mercados y/o lo actualizan.
- El diseño del empaque puede darle una nueva apariencia o hacerlo más funcional y/o atractivo para un nuevo segmento del mercado.
- Actualizar los logotipos o símbolos proporciona una apariencia nueva y una imagen actualizada.

Fijación de precios

- Las ventas, los descuentos y otras técnicas promocionales de precio son cada vez más importantes mientras los precios estén a la baja.

Ubicación

- Piense en nuevas estrategias para lograr que los distribuidores cambien proveedores; ofrezca descuentos comerciales, cuantitativos y/o por temporada; cree fondos para publicidad; organice concursos o rifas; prepare ofertas de publicidad cooperativa; y/o haga variaciones en productos nuevos.

Si el producto está en su etapa de decadencia:

Decisiones sobre el producto

- Comercialice el producto mientras haya suficiente demanda.

Fijación de precios

- Los precios promocionales pueden ayudar a desplazar el producto.

Ubicación

- No es necesario buscar distribuidores.

Preparación para la Práctica Personal #19: ¿Dónde estamos en el ciclo de vida del producto?

A veces uno no quiere enfrentarse al hecho de que su producto o servicio tiene cada vez menos demanda. Al examinar las características de su mercado actual, podrá descubrir oportunidades para vender el producto aunque tenga poca demanda.

Esta Práctica Personal le ayudará a examinar la etapa de crecimiento de ventas que enfrenta su producto o servicio.

Como preparación para la Práctica Personal #19, estudie la manera como José Luis, empresario de este caso, la realizó.

Práctica Personal #19
¿Dónde estamos en el ciclo de vida del producto?

Seleccione una opción para cada pregunta:

1. Las características de nuestro producto son:

   ( ) Innovador y nuevo

   (✗) Copiado por varios competidores

   ( ) Ofrecido por una amplia competencia

   ( ) No se encuentra fácilmente en el mercado

2. La conciencia de la clientela sobre la marca de nuestro producto o servicio es:

   ( ) Todavía pequeña, pero creciente

   (✗) Bien establecida en "nichos" del mercado

   ( ) Ampliamente conocida en EUA

   ( ) Ha ido declinando

3. Nuestro crecimiento anual de ventas en efectivo en nuestra principal línea de producto ha estado:

( ) Creciendo en más de 20% anual recientemente

(✗) Creciendo en 10-20% anual recientemente

( ) Creciendo menos de 10% anual recientemente

( ) Decreciendo recientemente

4. El año pasado nuestras ganancias:

( ) Bajaron notablemente por costos de desarrollo

(✗) Fueron las mejores

( ) Empezaron a nivelarse

( ) Decrecieron

5. Introdujimos nuevos diseños y características en el producto:

(✗) Por lo menos dos veces al año

( ) Por lo menos cada dos años

( ) Una vez en los últimos tres años

( ) No que se recuerde recientemente

Práctica Personal #19
¿Dónde estamos en el ciclo de vida del producto?

Seleccione una opción para cada pregunta:

1. Las características de nuestro producto son:

( ) Innovador y nuevo

( ) Copiado por varios competidores

( ) Ofrecido por una amplia competencia

( ) No se encuentra fácilmente en el mercado

2. La conciencia de la clientela sobre la marca de nuestro producto o servicio es:

( ) Todavía pequeña, pero creciente

( ) Bien establecida en "nichos" del mercado

( ) Ampliamente conocida en EUA

( ) Ha ido declinando

3. Nuestro crecimiento anual de ventas en efectivo para nuestra principal línea de producto ha estado:

( ) Creciendo en más de 20% anual recientemente

( ) Creciendo en 10-20% anual recientemente

( ) Creciendo menos de 10% anual recientemente

( ) Decreciendo recientemente

4. El año pasado nuestras ganancias:

( ) Bajaron notablemente por costos de desarrollo

( ) Fueron las mejores

( ) Empezaron a nivelarse

( ) Decrecieron

5. Introdujimos nuevos diseños y características en el producto:

( ) Por lo menos dos veces al año

( ) Por lo menos cada dos años

( ) Una vez en los últimos tres años

( ) No que se recuerde recientemente

Seguimiento de la Práctica

1. Si en general marcó el primer renglón de cada pregunta: es probable que su compañía sea relativamente nueva o que haya introducido una línea de producto muy innovadora. Éste puede ser un periodo frustrante porque está empezando a experimentar la demanda potencial por su producto, pero sus ganancias se están retrasando, debido a otras inversiones sustanciales que tuvo que hacer en equipo, espacio, personal y programas de promoción. ¡Resista y sea paciente, las ganancias vendrán!

2. Si en general marcó el segundo renglón de cada pregunta: su producto o servicio está en la etapa de aumento en la demanda del mercado. En esta etapa en donde cosecha sus mayores ganancias, cuando la demanda de su producto supera con frecuencia su capacidad de producción y abastecimiento. Aquí son de vital importancia los proveedores fiables, un departamento de pedidos confiable y un excelente servicio al consumidor.

3. Si en general marcó el tercer renglón de cada pregunta: lo más probable es que su producto o servicio ya esté en su etapa de madurez. Es el momento de crear una nueva versión mejorada, con un marketing fresco. Los clientes empiezan a dar por descontado algunas cosas y, para que sus ganancias continúen, será necesario que se una a los mejores distribuidores porque se enfrenta a una feroz competencia.

4. Si en general marcó el cuarto renglón de cada pregunta: su producto o servicio probablemente ya se esté considerando obsoleto, se le considera viejo y ha sido superado por una amplia parte del mercado. Si usted es un productor de bajo costo con un sistema de distribución bien establecido, todavía podrá obtener ciertas ganancias durante algunos años más. El me-

jor consejo: tome las ganancias del pasado e inviér-
talas en un negocio nuevo e innovador.

PARTE DOS:
Decisiones sobre la ubicación

Estas decisiones se han diseñado para poner productos
y servicios a la disposición del consumidor en los tiempos y lugares adecuados. Ofrecen una ventaja competitiva importante porque los otros negocios no las pueden
imitar fácilmente y con frecuencia atraen el interés del
consumidor.

Grado de exposición al mercado

Usted es quien debe decidir si su producto se venderá en
todos los puntos de venta adecuados (distribución intensiva), o solamente en algunos seleccionados (distribución
selectiva o exclusiva). La forma como los clientes adquieren un producto determina el grado de exposición que
éste tiene en el mercado. Examine qué tipos de productos
pueden beneficiarse con cada uno de los siguientes tipos
de distribución.

Distribución intensiva

La distribución intensiva es la opción correcta cuando el
beneficio es más importante para el cliente que el precio,
prestigio o información sobre el producto. Los artículos
que se distribuyen intensivamente se venden con frecuencia, de tal forma que el cliente ya conoce la marca y
generalmente no pide al distribuidor información adicional sobre el producto.

El enfoque que sigue tiende a caracterizar la distribución intensiva:

- Los distribuidores creen que los clientes consideran sus productos como mercancías y que cambiarán pronto a una marca similar si la suya no está en el almacén.
- Deben tomar las medidas necesarias que aseguren que sus productos sean accesibles y fáciles de encontrar.
- Dado que el producto se vende en muchos lugares diferentes, la carga promocional recae en el fabricante, quien deberá hacer ofertas especiales a los minoristas que promueven su marca.

Distribución selectiva

Aquí hablamos de productos que el cliente está dispuesto a buscar. Los clientes los compran con poca frecuencia, por lo que les resulta más difícil distinguir una marca de otra. La información típica que un cliente desea tener antes de comprar es: precio, características, comparación de servicios, tipos de uso, adecuación y/o accesorios.

PSI	Productos que generalmente requieren de distribución intensiva	
	Productos para el consumidor final	*Productos industriales*
	latería, bebidas gaseosas, cigarros, periódicos, revelado de películas, gasolina	materiales de oficina, productos de papelería, productos de limpieza, servicios de copiado y fax

Los comerciantes de productos distribuidos selectivamente tienden a mostrar el siguiente comportamiento:

- Son muy selectivos en cuanto al lugar donde colocan sus productos.
- Evalúan a los distribuidores en cuanto a su estabilidad financiera, permanencia en el mercado, calidad de su fuerza de ventas y capacidad para mantener la imagen de sus productos.
- Se aseguran de que los clientes reciban la información que buscan desarrollando programas especiales de capacitación en ventas y materiales para los distribuidores.
- Comparten con los minoristas la carga de promover el producto. El fabricante logra esto manteniendo ante el público su nombre de marca y ayudando al minorista a generar ventas. El minorista, por su parte, debe hacer que los clientes sepan que el producto está disponible y ayudarles a reunir la información que requieren para tomar una decisión de compra.

Distribución exclusiva

La distribución exclusiva es una estrategia de canal mediante la cual un vendedor tiene la exclusividad de derechos de distribución del producto en un área geográfica determinada. Estos convenios se formalizan frecuentemente con contratos entre el fabricante y el minorista. Los productos que se comecializan a través de una distribución exclusiva suelen ser caros, complejos y/o requieren un servicio especial. Las empresas que estén considerando la distribución exclusiva deben seguir los mismos criterios para evaluar a los minoristas, que los que usarían en arreglos de distribución selectiva.

Productos que generalmente requieren de una distribución selectiva

P S I

Productos para el consumidor final	*Productos industriales*
ropa, zapatos, muebles, computadoras, equipos de entretenimiento casero, servicios de asesoría fiscal, servicios de reparación de automóviles, aparatos domésticos, joyería	máquinas de copiado, máquinas de fax, computadoras, muebles de oficina, servicios de contabilidad, servicios y suministros de productos de limpieza

---

Canales de distribución

Un canal de distribución es una serie de empresas o individuos que ayudan a acercar productos y servicios desde el productor hasta el consumidor. Las necesidades del cliente determinan si el producto se venderá a través de canales directos o indirectos. El papel que los dueños del negocio juegan en los canales afecta sus planes de marketing y los precios que puedan cobrar.

Tipos de mayoristas y minoristas

Los mayoristas compran productos a los fabricantes para volver a venderlos a otros mayoristas, minoristas o negocios. Además de vender bienes, pueden almacenar, reagrupar, transportar, reunir y transmitir información, además de participar en el financiamiento.

Los mayoristas también pueden desarrollar líneas de productos únicos para vender a los demás en el canal de distribución. Existen dos tipos de mayoristas:

Mayoristas comerciantes: son dueños de los bienes que venden. También desempeñan otras funciones de marketing, por ejemplo: son transportistas, funcionan como intermediarios a comisión, representan cooperativas de productores, son mayoristas de especialidades y de ventas por correo.

Agentes: no son dueños de los bienes que distribuyen, pero desempeñan otras funciones de marketing. Ejemplos: son comisionistas, representan compañías de subastas, y pueden ser agentes de fabricantes.

Los minoristas compran bienes a los fabricantes y/o mayoristas, y los venden a los consumidores. Procuran reunir un surtido de mercancías que atraiga a su clientela. Al igual que los mayoristas, los minoristas pueden cumplir una serie de funciones de marketing. Ejemplos: tiendas departamentales, compañías de ventas por correo, servicios de compra por computadora, servicio de ventas automáticas.

Canal directo de distribución

Con un canal directo de distribución, los bienes pasan directamente del productor al consumidor final. El productor o el punto final de venta son quienes cumplen todas las actividades de marketing; no hay intermediarios, mayoristas o minoristas, en el canal de distribución. El canal directo concede al productor el mayor control en la comercialización de un producto. Debido a que el productor vende directamente al consumidor, obtiene retroalimentación rápida y precisa del mismo.

PSI

Productos que pueden beneficiarse de una distribución exclusiva

Productos para el consumidor final	*Productos industriales*
automóviles, servicios de asesoría fiscal, productos de entretenimiento, computadoras, aparatos domésticos, perfumes y cosméticos caros, ropa de diseñador	máquinas de copiado y fax, computadoras, muebles de oficina, servicios de contabilidad y corretaje, equipo agrícola y para construcción de carreteras

Generalmente, los productos que se venden a través de canales directos de distribución son perecederos, caros y/o complejos. Casi todos los servicios se venden a través de un canal directo porque tienden a ser inseparables del proveedor del servicio. Esto significa que los proveedores de servicios deben seleccionar y capacitar cuidadosamente a sus clientes, para asegurarse de que el servicio que proporcionan tiene el nivel de calidad que éstos exigen.

Canal indirecto de distribución

Con un canal indirecto de distribución, los bienes pasan del productor al consumidor a través de los mayoristas y los minoristas. Estos "intermediarios" son seleccionados con base en su capacidad para llegar al consumidor y cumplen varias funciones de marketing.

Los productores de bienes que requieren de una distribución intensiva usan canales indirectos como un medio eficaz para llegar a todos los consumidores posibles. Los productores pueden optar por distribuir sus artículos valiéndose de canales indirectos si no pueden o no les interesa cumplir ciertas labores de marketing. De hecho, estos productores "contratan" a mayoristas y minoristas para que desempeñen esas tareas por ellos. Debido a que el contacto con los consumidores es limitado, los productores que venden a través de canales indirectos de distribución deben tomar ciertas medidas para asegurarse de no perder el contacto con las necesidades del consumidor final.

Consideraciones sobre los canales

La selección del canal de distribución más eficaz para su negocio estará determinada por una serie de factores diferentes; sin embargo, la consideración principal es el tipo de negocio que usted tiene.

Para fabricantes

Exposición al mercado
- ¿Usaré una distribución intensiva, selectiva o exclusiva para mis productos?

Canal de distribución
- ¿Cuáles mayoristas y/o minoristas debo seleccionar para la distribución de mis productos?
- ¿Cuáles son las funciones de marketing que deben desempeñar?
- ¿Cuáles son las funciones de marketing que ellos esperan de mí?

Ubicación del negocio
- ¿Dónde debo ubicar mi negocio?

Días y horas de operación
- ¿Durante qué días y cuántas horas debo abrir mi establecimiento?

Funciones de marketing desempeñadas por miembros del canal de distribución

PSI

- Compra
- Transporte
- Comunicación
- Reagrupamiento (acumulación, separación a granel, clasificación, ordenamiento)
- Venta
- Financiamiento
- Recolección de información

Para distribuidores

Exposición al mercado
- ¿Quién más comercializa este producto?

Canal de distribución
- ¿A quién le compraré los productos?
- ¿Cuáles son las funciones de marketing que quiero que otros miembros del canal cumplan?
- ¿Cuáles son las funciones de marketing que yo proporciono?

Ubicación del negocio
- ¿Dónde debo ubicar mi negocio?

Días y horas de operación
- ¿Durante qué días y cuántas horas debo abrir mi establecimiento?

Para proveedores de servicios

Exposición al mercado
- ¿Quién más presta este servicio?

Canal de distribución
- ¿Debo afiliarme a una franquicia?
- ¿Cuáles son las funciones de marketing que quiero que otros miembros del canal cumplan?
- ¿Cuáles proporciono yo?

Ubicación del negocio
- ¿Dónde debo ubicar mi negocio?

Días y horas de operación
- ¿Durante qué días y cuántas horas debo abrir mi establecimiento?

Salsas del Paraíso, Juan Carvajal: Uno de los más apremiantes requisitos cuando empezamos fue atraer la atención y el interés de un emprendedor mayorista en alimentos. Al mayorista promedio se le presentan alrededor de cien productos nuevos cada mes. Si no te conocen de alguna manera, las probabilidades de que se arriesguen contigo son pocas. Sabíamos que teníamos que llamar la atención en grande, y lo hicimos mediante una campaña de publicidad diversificada, en donde incluimos una presentación en un programa casero de la red de televisión local. Esto nos condujo a los anuncios, en donde nos enteramos de la existencia de José Luis, dueño de la tienda de Abarrotes Los Cuatro Vientos. Al hacer pruebas de sabor en su tienda, nos encontró María Núñez de Mayoristas Le Caribe, quien casualmente buscaba ampliar su presentación de auténtica cocina "isleña". Aunque no disponemos de un contrato oficial que lo confirme, estamos usando a Le Caribe como nuestro distribuidor exclusivo para los minoristas de cinco estados. En la actualidad estamos planeando expandirnos hacia el mercado de regalos corporativos y motivacionales, y lo más probable es que tengamos que recurrir a un segundo distribuidor, pues Le Caribe no hace este tipo de ventas.

 Abarrotes Los Cuatro Vientos, José Luis: El alma de nuestro negocio es la combinación eficaz de una compra agresiva de alimentos básicos y los últimos y mejores conceptos alimenticios de los submercados hispanos y del Caribe. Hemos trazado una delicada línea entre no ser lo bastante importantes para nuestros grandes proveedores, como las sopas Progreso, y parecer demasiado importantes como para interesarnos en desarrolladores de nuevos e innovadores productos alimenticios. Claro está, no podemos incluir en nuestro inventario cada producto nuevo que surge, así que dependemos en gran medida de mayoristas como Le Caribe para que nos "recomiende" los mejores productores de alimentos nuevos. Luego, damos a cada nuevo producto viable una oportunidad de demostrar su potencial de ventas en la tienda. No buscamos sólo ventas iniciales, sino también una entusiasta retroalimentación de los clientes.

Ubicación

La ubicación es un factor muy importante para una pequeña empresa. Para los negocios en el mercado de consumo, la ubicación correcta puede ser la única forma de atraer compradores, ya que las oportunidades promocionales están severamente limitadas. Con el advenimiento del sistema de inventario "justo a tiempo", los fabricantes podrán descubrir que la ubicación de clientes cercanos es una ventaja competitiva que permite ahorrar tiempo y dinero.

La ubicación de un negocio depende de las necesidades del cliente, los requisitos de espacio, los reglamentos locales y las leyes de uso de suelo, así como la accesibilidad del sitio.

A continuación presentamos algunos recursos locales que le pueden ayudar a obtener información sobre ubicaciones:

- Con frecuencia la Cámara de Comercio local tiene listas de intercambio de espacios industriales y de oficina disponibles.
- En su automóvil, recorra los barrios donde le interesaría ubicarse. Anote los nombres y números telefónicos de las compañías ejecutivas y llámeles para indagar si tienen espacios disponibles para su negocio.

- Explore los parques industriales visitando las fábricas medianas, para averiguar si le subarrendarían un espacio.
- Revise las leyes de uso de suelo de su área contactando a los departamentos municipales de planificación urbana o zonificación. Ellos podrán indicarle el estatus de uso de suelo de cada terreno en su municipio o localidad.

Con la siguiente lista de revisión podrá determinar si ha cubierto todos los puntos relativos a la ubicación en su estrategia de marketing.

1. Negocios en mercados industriales

( )   **Acceso al cliente:** ¿Está ubicado cerca de sus clientes?

( )   **Oferta de mano de obra:** ¿El área ofrece trabajadores capacitados para su línea de trabajo? ¿Existen instalaciones y programas para capacitación laboral?

( )   **Costo del trabajo:** ¿Cuáles son los salarios actuales en la comunidad? ¿Podrá usted contratar trabajadores calificados a un salario justo?

( )   **Acceso a los recursos:** ¿Hay un suministro adecuado y suficiente de agua, electricidad y otros recursos básicos? ¿Están estos servicios y recursos en o cerca de su ubicación?

( )   **Acceso al transporte e instalaciones de almacenamiento:** ¿Podrá movilizar la mercancía en forma rápida y económica? ¿Hay instalaciones de almacenamiento económicas en las cercanías?

( )   **Disponibilidad del terreno:** ¿Es el sitio lo suficientemente grande para satisfacer sus necesidades actuales y futuras?

( )   **Apoyo gubernamental:** ¿Los líderes locales del gobierno apoyan a los negocios y sus necesidades? ¿Son razonables los impuestos? ¿Se adaptan a su negocio las leyes de uso de suelo y los reglamentos municipales?

( ) **Registro de éxitos en el campo:** ¿Qué otros negocios están ubicados cerca? ¿Han tenido éxito? Si no, ¿por qué? ¿Indica su experiencia que puede haber problemas en este lugar?

2. Negocios en mercados de consumo

( ) **Acceso al cliente:** ¿Su negocio está ubicado cerca de sus clientes?

( ) **Ubicación cerca de negocios complementarios:** ¿Está el lugar cerca de negocios que tengan los mismos tipos de clientes que usted? (Por ejemplo, una zapatería podría decidir mudarse cerca de una tienda de ropa de mujer.)

( ) **Estacionamiento:** ¿Es cómodo y adecuado el estacionamiento para sus clientes?

( ) **Entrada y salida:** ¿Los clientes pueden entrar y salir de su negocio fácilmente? ¿El tráfico representa algún problema en alguna hora determinada del día de trabajo?

( ) **Costo de la mano de obra:** ¿Cuáles son los salarios actuales en la comunidad? ¿Podrá usted contratar trabajadores calificados a un salario justo?

( ) **Acceso a los recursos:** ¿Hay un suministro adecuado y suficiente de agua, electricidad y otros recursos básicos? ¿Están estos servicios y recursos en o cerca de su ubicación?

( ) **Registro de éxitos en el campo:** ¿Qué otros negocios están ubicados cerca? ¿Han tenido éxito? Si no, ¿por qué? ¿Indica su experiencia que puede haber problemas en este lugar?

( ) **Apoyo gubernamental:** ¿Los líderes locales del gobierno apoyan a los negocios y sus necesida-

des? ¿Son razonables los impuestos? ¿Se adaptan
a su negocio las leyes de uso de suelo y los reglamentos municipales?

Formas de "ampliar" las horas de trabajo

P S I

1. Instale buzones donde los clientes puedan devolver productos cuando usted no está.
2. Utilice un servicio de contestadora, una máquina contestadora y/o de fax para grabar los mensajes cuando no haya
nadie en el negocio.
3. Abra más tarde en la mañana y mantenga el lugar abierto más tarde por la noche.
4. Publique catálogos para que los clientes hagan pedidos
por teléfono o por correo.
5. Ponga a un empleado de "guardia" los fines de semana.
6. Contrate trabajadores de medio tiempo para que traba-
jen de noche. Asígneles otras labores para cuando no haya
mucho qué hacer.

Días y horas de operación

Una queja común entre los comerciantes de ciudades
pequeñas es el poco movimiento que hay en su negocio
durante el día. Considerando que ésas son las horas durante las cuales la mayoría de la gente trabaja, no es sor-
prendente que las ventas bajen. Muchos negocios abren
cuando quieren estar abiertos, no cuando los clientes
quieren que estén abiertos.

¿Quién determina los días y horas de operación de
su negocio, usted o sus clientes? La evolución de los estilos de vida de éstos y un ambiente cada vez más competitivo indican que las empresas pequeñas deben estar
abiertas cuando los clientes necesitan y quieren comprar
sus productos.

Preparación para la Práctica Personal #20: Cómo llevamos nuestro producto al cliente

Cada vez es más evidente que tanto los consumidores como los clientes de los negocios tienen más dinero que tiempo; y ese tiempo disponible se divide entre obtener la información necesaria de un producto o servicio, encontrar un proveedor, contactarlo, hacer el pedido, pagar por el producto y recibirlo.

La relativa facilidad para completar todos estos pasos en un lugar y de una sola vez, es una de las principales razones del auge en las ventas por correo o por catálogo. Recientemente ha habido un sustancial aumento en las ventas por catálogo de los negocios, e incluso ya existen varios proveedores que venden papel por catálogo: ¿A quién se le hubiera ocurrido hace unos cuantos años vender un producto de consumo de esta forma?

Dado que la comodidad se ha convertido en el primer o segundo criterio de compra, es de vital importancia para el éxito de su pequeña empresa que haga una selección juiciosa de su canal de distribución y de la estrategia de ubicación.

Para analizar la eficacia de su actual estrategia de distribución para satisfacer las necesidades del cliente, resuelva la siguiente Práctica Personal. Como preparación, examine la forma en que José Luis, empresario de este caso y dueño de Abarrotes Los Cuatro Vientos, resolvió este ejercicio.

Práctica Personal #20
Cómo llevamos nuestro producto al cliente

1. Nuestro producto requiere:

    (   ) Distribución intensiva

    (✗) Distribución selectiva

    (   ) Distribución exclusiva

    1a. Explique su opinión acerca de la estrategia de distribución mostrada arriba:

    El alma de nuestro negocio es la combinación eficaz de una compra agresiva de alimentos básicos y los últimos y más novedosos conceptos alimenticios de los submercados hispanos y del Caribe. Hemos trazado una delicada línea entre no ser lo bastante importantes para nuestros grandes proveedores, como las sopas Progreso, y parecer demasiado importantes como para interesarnos en desarrolladores de nuevos e innovadores productos alimenticios. Claro está, no podemos incluir en nuestro inventario cada producto nuevo que surge, así que dependemos en gran medida de mayoristas como Le Caribe para que nos "recomiende" los mejores productores de nuevos alimentos. Luego damos a cada nuevo producto viable una oportunidad de demostrar su potencial de ventas en la tienda. No buscamos sólo ventas iniciales, sino también una entusiasta retroalimentación de los clientes.

2. Nosotros:

    (✗) Vendemos directamente al cliente

    (   ) Contratamos distribuidores y/o mayoristas para nuestras ventas

    (   ) Nos apoyamos en los representantes de ventas de los fabricantes para vender

3. La ubicación física es importante para nuestra estrate-
    gia de marketing:

    Sí (**✗**) No ( )

    3a. Si es así, describa cómo utiliza su ubicación física
    para llamar la atención hacia su negocio:

    Nos encontramos cerca del distrito comercial de una
    población universitaria con más de 50 mil habitantes.
    Estamos a un lado de la tintorería más grande del pue-
    blo, lo cual anima a nuestros clientes a visitar nuestra
    tienda cuando van a dejar o a recoger su ropa.

4. Fácilmente podemos disponer de mano de obra capa-
    citada y suficientemente barata en y cerca del área don-
    de decidimos ubicarnos.

    Sí (**✗**) No ( )

    4a. Si la respuesta fue No, describa cómo supera este in-
    conveniente.

5. La cercanía de nuestros proveedores es muy importante
    en nuestra estrategia de marketing:

    Sí (**✗**) No ( )

    5a. Si es así, describa cómo ha arreglado su ubicación para
    facilitar las transacciones con sus proveedores:

    Debemos hacer entregas diarias de más de mil diferen-
    tes productos y también queremos mantener bajos nues-
    tros costos de inventario para poder ofrecer precios
    competitivos para los artículos de mayor venta.

Práctica Personal #20
Cómo llevamos nuestro producto al cliente

1. Nuestro producto requiere:

   ( ) Distribución intensiva

   ( ) Distribución selectiva

   ( ) Distribución exclusiva

   1a. Explique su opinión acerca de la estrategia de distribución mostrada arriba:

2. Nosotros:

   ( ) Vendemos directamente al cliente

   ( ) Contratamos distribuidores y/o mayoristas para nuestras ventas

   ( ) Nos apoyamos en los representantes de ventas de los fabricantes para vender

3. La ubicación física es importante para nuestra estrategia de marketing:

   Sí ( )   No ( )

   3a. Si es así, describa cómo utiliza su ubicación física para llamar la atención hacia su negocio:

4. Fácilmente podemos disponer de mano de obra capacitada y suficientemente barata en y cerca del área donde decidimos ubicarnos.

   Sí ( )   No ( )

   4a. Si su respuesta fue No, describa cómo supera este inconveniente.

5. La cercanía de nuestros proveedores es muy importante en nuestra estrategia de marketing:

   Sí ( )   No ( )

   5a. Si es así, describa cómo ha arreglado su ubicación para facilitar las transacciones con sus proveedores:

Seguimiento de la Práctica

1. Analice lo que la comodidad significa para sus clientes; por ejemplo, ¿estarían dispuestos a recorrer cierta distancia para visitar a un minorista que tiene menos surtido de lo que ellos quieren, pero que ofrece un buen inventario y recetas y demostraciones útiles de cómo usar sus productos, muchos de los cuales son desconocidos para la mayoría de ellos?
2. Estudie rutas adicionales de distribución que pueda seguir para ampliar el mercado de los productos que ofrece, por ejemplo, abrir un negocio de banquetes, comedores corporativos para empresas...

PARTE TRES:
Decisiones sobre fijación de precios

El precio es el valor monetario que los clientes están dispuestos a pagar por bienes y servicios. Se puede pagar como cuota, impuestos, renta, colegiatura, intereses o como precio de venta de bienes y servicios tangibles.

Qué debe hacer la fijación de precios

Muchos dueños de negocios opinan que fijar precios es un proceso de una sola dimensión: basta con sumar los costos, añadir un poco de ganancia y asignar el total como precio. La fijación de precios puede afectar de muchas formas a su negocio, algunas de las cuales no resultan obvias al principio. Una estrategia de fijación de precios eficaz da como resultado precios que:

• son el resultado de la combinación de imagen, servicio, características del producto y ganancia

- son justificables en términos de las expectativas del cliente
- incluyen términos de venta, descuentos y rebajas
- utilizan el análisis del punto de equilibrio
- con frecuencia denotan calidad
- son sólo parte de su ventaja competitiva

Todas las decisiones sobre el precio dependen de la respuesta a esta pregunta: ¿Qué valor tiene para el cliente? En la Tabla 3.1. se incluyen los factores en que se basan los clientes para evaluar el precio de bienes y servicios.

Para ser competitivo es necesario que continuamente mida el valor de su producto o servicio. Pregúntese: ¿Es más rápido, más limpio, más compacto, etcétera?

La clave para una apropiada fijación de precios

P S I

Al fijar precios, los dueños de negocios deben conocer todos los costos de producción y saber cuánto están dispuestos y pueden pagar sus mercados objetivo por sus productos.

Identificar y asignar todos los gastos relacionados con la producción es un problema de contabilidad que requiere de cierta investigación financiera. Un contador con experiencia en pequeñas empresas le puede ayudar a desarrollar un sistema para desempeñar esta labor sobre una base mensual o trimestral.

Los dueños de negocios que comprenden sus mercados objetivo pueden calcular mejor cuánto están dispuestos y pueden pagar los clientes por sus productos. En la Tabla 3.1 se ofrece una ilustración de algunos factores que influyen en la forma en que deciden cuál es el "precio correcto".

La falacia de los precios bajos

Cuando no siguen una estrategia de fijación de precios, algunas pequeñas empresas intentarán ganarle a la competencia bajando sus precios. De esta manera creen que aumentará el número de unidades vendidas y, por lo tanto, sus ganancias totales serán mayores. Esto casi

**Tabla 3.1: Principales consideraciones
del precio por parte de los clientes**

Éstos son algunos de los factores que los clientes toman en
cuenta al decidir si el precio corresponde con la calidad de
los productos:

1. Experiencia anterior con sus productos y los de la competencia.
2. Recomendación de la familia, los amigos y otras personas acerca de su reputación y la de sus productos.
3. Información obtenida al comparar marcas y puntos de venta.
4. "Pistas" relacionadas con su negocio y sus productos:
   • La apariencia externa e interna de su negocio, la limpieza de baños, la conveniencia de comprar ahí
   • La apariencia y calificación profesional de su personal, así como la calidad de su servicio
   • La calidad de la publicidad y otras comunicaciones exteriores
5. El valor de los servicios y/o productos que acompañan a su producto principal.
6. Influencias situacionales:
   • Compras para una ocasión especial, cuando el precio no es el factor predominante
   • Una compra de emergencia, cuando no hay posibilidad de buscar en otros lugares
   • Compras impulsivas

siempre es una falacia, principalmente porque el precio
no siempre es el criterio más importante del cliente para
decidir a quién comprarle. El resultado es que la reducción de precios no afecta en absoluto el comportamiento de compra de su cliente y lo único que se logra es
reducir las ganancias de la compañía.

Las siguientes son las razones más comunes que
argumentan las compañías para justificar una estrategia
de reducción de precios:

- "Es más fácil vender si es más barato." Con frecuencia esto es señal de desidia.
- Hábito. Siempre tenderá a bajar los precios cuando lo presionan para hacerlo.
- Miedo de perder un cliente.
- Llegó al pueblo un nuevo competidor.
- Al parecer afecta poco el potencial de ganancia. A menudo éste es el caso porque en realidad desconoce cuánto le cuesta fabricar el producto o prestar el servicio.

Entonces, ¿cuál es la alternativa de reducir los precios cuando el cliente o la competencia ejercen presión?

Para contestar brevemente: "¡Agregue más características!". No se enfoque en el precio, mejor concéntrese en ofrecer un mejor producto o servicio, lo que puede lograr mejorando el diseño, reduciendo al mínimo los defectos, proporcionando un mejor servicio posventa, ofreciendo una gama más amplia de productos y logrando que al cliente le convenga más comprarle a usted.

La fijación de precios no es una ciencia exacta, pero todas las decisiones sobre precios se basan en un concepto común: los precios deben ser lo suficientemente altos para cubrir los costos generales, los costos fijos y rendir una ganancia.

La estrategia y la imagen de su negocio

El precio que cobra un negocio por sus productos debe ser adecuado a la imagen que desea proyectar. Aunque generalmente el precio no es la motivación principal para comprar, sí es frecuente que los clientes relacionen la categoría de precios de su producto con su sentido de calidad, por ejemplo:

Producto de alta calidad a precio bajo = imagen de baja calidad

Esta percepción es particularmente cierta cuando se trata de servicios médicos, legales y otros de orden profesional, para los cuales los clientes no tienen forma tangible de evaluar su calidad. En la Tabla 3.2 se resumen las estrategias de marketing para productos de alto y bajo precio.

Tabla 3.2: Cómo afectan los precios la imagen del negocio

Si usted cobra un precio alto por un producto, deberá:

1. Asegurarse de que la publicidad y otras indicaciones refuercen una imagen de alta calidad.
2. Explicar por qué sus precios son más altos proporcionando al cliente la información pertinente y destacando la experiencia, logros en el mercado y/o equipo de tecnología de punta que apoyan la calidad de su producto.
3. Revisar continuamente la calidad de los productos/servicios que usted provee. Si sus clientes están pagando precios elevados, es conveniente que exceda sus expectativas.

Si usted cobra un precio bajo por un producto, deberá:

1. Asegurarse de que los demás elementos de la mezcla de marketing (calidad del producto, uso de marcas, empaque, decisiones sobre la ubicación, publicidad, etc.) apoyen la imagen de precio bajo.
2. Ofrecer un valor real (la mayoría de los clientes no quiere baja calidad, aunque pague precios bajos).
3. Explicar en la publicidad por qué puede ofrecer precios tan bajos.
4. Revisar continuamente la calidad de los productos/servicios que provee. Como mínimo, tendrá que igualar las expectativas de sus clientes en cuanto a la calidad para mantener su confianza o lograr que se repitan las ventas.

Recuerde: Una palabra de advertencia para los dueños de un negocio que pretende ofrecer el producto de menor precio del mercado: esa ventaja competitiva puede obtenerla fácilmente la competencia. Los competidores grandes pueden aprovechar los descuentos por volumen al comprar productos a granel. Además, los clientes que basan sus decisiones de compra exclusivamente en el precio no suelen ser clientes leales, pues siempre están en busca de gangas.

Ideas preliminares a la fijación de precios

Una fijación de precios adecuada equilibra su necesidad de cubrir todos los costos con la disponibilidad del mercado para comprar. Cuando uno es nuevo en el negocio, puede haber poca relación entre lo que le cuesta producir su producto o servicio y lo que los clientes pagarán, pero recuerde, en este punto usted está probándose ante estas personas.

La investigación de marketing, bien hecha, nos puede indicar cuál es el nivel de precios aceptable. La investigación adicional proporcionará información sobre los costos de producción y de venta típicos que enfrentará en su mercado. Si cree que no logrará un rendimiento apropiado para su inversión, lo sabrá antes de hacerla.

Si su negocio ya lleva algún tiempo, tal vez sea útil analizar los costos en que incurre al llevar el producto al mercado, en relación con su forma de fijar precios, para así ver si las utilidades están aumentando o disminuyendo. Algunas compañías continúan esforzándose por operar, aun reduciendo las utilidades, porque no saben añadir valor adicional a sus productos.

 Recuerde: No caiga en la trampa de fijar precios sólo a través de fórmulas, como por ejemplo, el minorista que sencillamente duplica el precio del mayorista, o el proveedor de servicios que fija sus precios basándose en lograr una determinada cantidad de dinero por hora.

Procedimiento para fijar precios

Los siguientes pasos le ayudarán a considerar sistemáticamente todos los requisitos del mercado al momento de fijar sus precios. A continuación encontrará las Prácticas Personales para cada paso.

Paso 1: Fije el precio mínimo

- Determine todos los costos de marketing, producción y distribución
- Utilice el análisis del punto de equilibrio

Paso 2: Fije el precio máximo o tope

- Determine la sensibilidad hacia los precios del mercado
- Analice los precios de la competencia
- Hable con clientes y posibles clientes

Paso 3: Fije objetivos de precios

- Recupere pronto los costos inmediatos
- Aumente su participación en el mercado
- Tome en cuenta su imagen
- Examine las economías de escala

Paso 4: Seleccione una estrategia de precios

- Rebaja de precios
- Precios de introducción
- Un precio *vs.* precios flexibles
- Tiempo de compra
- Precios redondeados *vs.* precios no exactos
- Alineación de precios
- Precios en paquete
- Enlaces y por tiempo

Paso 5: Seleccione una política de descuentos

Paso 6: Seleccione una política de precios geográfica

- Planta FOB
- Absorción de fletes
- Precio uniforme de entrega
- Precio por zona

Preparación para la Práctica Personal #21
Cómo fijar nuestros precios, Pasos 1 a 6

La siguiente Práctica Personal le orientará para explorar los seis importantes pasos que se deben seguir al examinar todos los aspectos de la fijación de precios de su compañía.

Use las compañías fabricantes y de servicios como ejemplos cuando finalice los ejercicios de la sección "cómo fijar precios". Luego, aplique su recién adquirida información en la fijación de precios de su propia compañía.

Práctica Personal #21
Paso 1: Cómo fijamos nuestros precios

Introducción

Esta Práctica Personal requiere algunas explicaciones y ejemplos matemáticos para ayudarle a preparar una estrategia de fijación de precios completa.

En vez de resolver la Práctica Personal #21 con un conjunto de preguntas, procederemos a examinar las técnicas para establecer cada uno de los seis componentes clave de una estrategia de precios; revisaremos algunos ejemplos de cálculo matemático y luego ilustraremos y describiremos cómo seguirá cada uno de los seis pasos para fijar los precios de su compañía.

Examine los pasos mientras revisa la manera en que ha creado la escala de precios para sus productos o servicios.

Cómo fijar el precio mínimo

Muchos gerentes fijan el precio basándose en los costos como punto de partida, desviándose de él cuando sea preciso para reflejar la realidad del mercado. Su primer paso consistirá en examinar sus costos.

Costos fijos

Son los gastos que, por lo general, no dependen directamente del nivel de ventas. Los costos fijos incluyen renta, pagos de permisos, teléfono, publicidad, etcétera.

Costos variables

Son los gastos que tienden a variar de acuerdo con el volumen de ventas. Para determinarlos, pregúntese: si no vendo nada durante el próximo mes, ¿qué costos debo pagar de cualquier forma?

Ejemplo 1: Sillón "cómodo":
Identifique los costos fijos y variables

Costos fijos mensuales:		Costos variables	
Renta del local	$18,000	Materiales directos	$28,800
Impuesto predial	4,000	Mano de obra directa	26,400
Luz, agua, gas	900	Horas extra	1,500
Teléfono	850	Mantenimiento	
Seguro	500	general*	1,300
Publicidad	3,000	Costos de facturación	2,000
Salarios oficina	7,000		
Mantenimiento			
general*	700		
Total	$34,950	Total	$60,000

*35% fijo/65% variable

Ejercicio 1: ¡Inténtelo!
Cortinas "West": Identifique los costos variables y fijos
Nota: Para cada gasto indicado abajo, designe si es un gasto Variable o Fijo circulando la letra V o F.

Respuestas: véase Seguimiento de la Práctica en las páginas 201 a 204.

Categoría de gastos	*Cantidad en $*	*Variable o Fijo*	
Salarios de oficina	$5,000	V	F
Mano de obra directa	30,000	V	F
Materiales de oficina	500	V	F
Teléfono	100	V	F
Seguro	400	V	F
Comisiones de ventas	10,000	V	F
Renta	2,000	V	F
Publicidad	250	V	F
Mantenimiento	1,250	V	F

Análisis del punto de equilibrio

El punto de equilibrio es el punto hipotético donde el ingreso por ventas y el egreso se igualan. Los siguientes pasos le enseñarán cómo calcular su punto de equilibrio:

1. Determine el total de sus costos fijos mensuales.
2. Tome el precio del producto para el cual quiere calcular el punto de equilibrio. Determine la variable costo/unidad atribuible a este producto.
3. Reste la variable costo por unidad del precio de venta del producto. Esta cantidad en efectivo representa la proporción de una venta típica disponible para pagar gastos fijos, lo cual también se conoce como la "contribución".
4. Divida el total de los costos fijos mensuales entre la "contribución" por unidad vendida.
5. Esta cifra representa el número de unidades del producto que deberá vender mensualmente para cubrir todos los costos fijos y variables.

Ejemplo 2: Sillón "cómodo":
Calcule el punto de equilibrio en unidades

Datos:
- Nuestros costos fijos totales = $34,950
- Nuestros costos variables totales = $60,000
- Nuestro precio de venta por unidad = $250
- Nuestro estimado del total de ventas anuales = 600 unidades

1. Calcule el costo variable por unidad =
   Total de costos variables - número de unidades vendidas
   $60,000 ÷ 600 = $100 por unidad

2. Contribución por unidad =
   Precio de venta - costo variable por unidad
   $250 - $100 = $150 por unidad

3. Calcule los puntos de equilibrio en unidades =
   Total de costos fijos + contribución por unidad
   $34,950 ÷ $150 = 233 unidades

Ejercicio 2: ¡Inténtelo!
Cortinas "West": Calcule el punto de equilibrio en unidades

Datos:
- Nuestro costo fijo total = $7,400
- Nuestros costos variables totales = $42,100
- Nuestro precio de venta por unidad = $25.00
- Nuestro estimado del total de ventas anuales = 4,000 unidades

1. Calcule el costo variable por unidad =
   Costo variable total ÷ número de unidades vendidas

2. Contribución por unidad =
   Precio de venta ÷ costo variable por unidad

3. Calcule el punto de equilibrio en unidades =
   Costo fijo total ÷ contribución por unidad

El análisis del punto de equilibrio también se puede usar para determinar el efecto que un cambio de precio tendrá en las unidades que deben venderse para seguir alcanzando el punto de equilibrio.

Respuestas: véase Seguimiento de la Práctica en las páginas 201 a 204.

Ejemplo 3: Sillón "cómodo":
Uso del punto de equilibrio para fijar precios

1. El personal de ventas del "Sillón cómodo" está pidiendo una rebaja de $25 en el precio debido a la presión de la competencia.
2. Antes de decidirse a bajar el precio, el gerente de ventas quiere determinar cuántas sillas más tendrá que vender para mantener el punto de equilibrio.
3. Para hacer este cálculo, empieza con el total de los costos fijos que enfrenta su operación: $34,950.
4. Luego determina la contribución por unidad tomando el nuevo precio propuesto de $225 y restando los costos variables por unidad (véase el Ejemplo 2) de $100, para llegar a una cifra de $125, por unidad.
5. Después divide el total de los costos fijos, $34,950, entre la contribución por unidad de $125, para llegar a un punto de equilibrio del volumen de unidades de 279.6, ó 280 unidades.
6. A $250 por silla, la compañía tenía que vender 233 unidades para llegar al punto de equilibrio; ahora, después de la reducción de $25, deberán vender 280 unidades para hacerlo. Que lo logren o no, depende de lo bien que elaboren y cumplan su estrategia de marketing.

Ejercicio 3: ¡Inténtelo!
Cortinas "West": Uso del punto de equilibrio para fijar precios

1. Suponga que el precio de venta se baja de $25 a $23.
2. ¿Cuántas cortinas más deberá vender para llegar al punto de equilibrio, si el precio se reduce $2 por unidad?
3. Nuevo punto de equilibrio en unidades:

Uso del punto de equilibrio para determinar la rentabilidad

Aunque aprender a calcular el punto de equilibrio es útil para proyectar los efectos de varios escenarios de precios, la verdadera razón por la que está usted en los negocios es para obtener las mayores ganancias posibles dentro de un marco legal. Las mismas técnicas del punto de equilibrio que ya ha aprendido se pueden aplicar para determinar cuánto debe vender su compañía en unidades o efectivo para lograr determinadas ganancias. Examine el siguiente ejemplo:

Ejemplo 4: Sillón "cómodo"
Uso del punto de equilibrio para determinar la utilidad

1. Suponga que el gerente de ventas de "Cómodo" desea obtener una ganancia de $50,000 de la venta de sus sillas; suponga, también, que el precio de venta es de $250 por unidad.
2. Empiece sumando la ganancia deseada al total de los costos fijos: $34,950 + $50,000 = $84,950.
3. Use la contribución por unidad de $150 que calculó previamente para dividirla entre el total de ganancias y costos fijos: $84,950.
   $84,950 ÷ $150 = 567
4. Tendría que vender alrededor de 567 sillas para cubrir sus costos y tener una ganancia de $50,000. ¡Esto puede requerir un gran esfuerzo de venta!

Ejercicio 4: ¡Inténtelo!
Cortinas "West": Uso del punto de equilibrio para determinar la utilidad

1. Suponga que "West" quiere lograr una ganancia de $5,000 en cortinas, las que vende a $25 cada una. ¿Cuál es el punto de equilibrio por unidad?
2. Punto de equilibrio por la unidad: _____

Respuestas: véase Seguimiento de la Práctica en las páginas 201 a 204.

Recuerde: el hecho de que usted pueda calcular el punto de equilibrio por unidad para lograr un objetivo de utilidades en particular no significa que su fábrica pueda físicamente producir esa cantidad de unidades en el tiempo determinado. Así que, antes de ponerse a contar sus ganancias, piense de forma realista en la producción.

Práctica Personal #21
Paso 1: Cómo fijamos nuestros precios

Fije el precio mínimo

1. Nuestro total de costos fijos anuales es de: $_____

2. Nuestro total de costos variables anuales es de: $_____

3. Nuestra ganancia total deseada en pesos para el año siguiente es de: $_____

4. Nuestro total estimado de volumen anual de ventas por unidad es de:

   Producto #1: $_____

   Producto #2: $_____

   Producto #3: $_____

   Nota: Si su compañía comercializa una línea de productos o servicios, quizá le interese calcular el punto de equilibrio para cada categoría del producto por separado, por lo que tendrá que repetir este análisis varias veces.

5. Nuestro costo variable por unidad es:

   Producto #1: $_____

   Producto #2: $_____

   Producto #3: $_____

6. Nuestro precio de venta proyectado por unidad es:

   Producto #1: $_____

   Producto #2: $_____

   Producto #3: $_____

7. Nuestra contribución de ganancia por unidad es:

Producto #1: $_____

Producto #2: $_____

Producto #3: $_____

8. Nuestro punto de equilibrio en unidades es de:

Producto #1: $_____

Producto #2: $_____

Producto #3: $_____

Nota: Si desea calcular puntos de equilibrio por separado para varios productos, tendrá que establecer algún método mediante el cual asignar cierta cantidad del total de los costos fijos a cada producto. Esto suele hacerse determinando la mano de obra directa dedicada a cada producto y usar este porcentaje del costo total de mano de obra para poder desglosar los gastos fijos.

Esta Práctica Personal continúa con el Paso 2.

Práctica Personal #21
Paso 2: Cómo fijamos nuestros precios

Cómo fijar el precio máximo

Factores que afectan la sensibilidad a los precios

Efecto del valor único. Los compradores mostrarán una menor sensibilidad al precio de un producto cuanto más valoren algún atributo que lo distinga de otros productos competitivos. Por ejemplo:

- Joyerías Cartier: clientela de alta sociedad; diseños exclusivos
- Aparatos electrónicos Sony: muy confiables; incorporan tecnología de vanguardia

Puede ser necesaria una extensa publicidad para lograr comunicar sus diferencias únicas; por ejemplo, los Pollos Perdue mantienen una gran campaña de televisión para que en casa se reciba el mensaje de que "Se requiere de un hombre duro para producir un pollo blando".

Conciencia de los sustitutos. Cuanto más sustitutos para sus productos perciba un cliente, más sensible se mostrará ante el precio. Pregúntese lo siguiente:

- ¿Qué alternativas tienen los compradores?
- ¿Los compradores están conscientes de los proveedores alternativos?

El difícil efecto de la comparación. Los compradores son menos sensibles al precio cuando no pueden hacer comparaciones con lo que ofrece la competencia. Pregúntese lo siguiente:

- ¿Se pueden detectar los atributos de nuestros productos y los de la competencia? ¿O es necesario que el cliente adquiera antes el producto?
- ¿Nuestro producto es tan complejo que se requiere de un experto para compararlo con otros?
- ¿Son fácilmente comparables nuestros precios y los de la competencia? ¿O hay que tomar en consideración toda una variedad de tamaños y/o combinaciones?

Efecto del gasto total. Los compradores suelen ser más sensibles al precio cuando la compra es mayor; digamos de más de $100. Pregúntese lo siguiente:

- ¿Cuán significativos son los gastos de nuestros compradores en términos de dinero en efectivo y como porcentaje de sus ingresos?

Efecto del beneficio final. Los compradores son más sensibles al precio del producto cuando éste corresponde a una parte mayor del costo total. Por ejemplo: un fabricante de escritorios de oficina que compra lámina metálica para producirlos será más sensible a los cambios de costo de la lámina en tanto sus clientes lo serán al precio de sus escritorios.

Efecto precio-calidad. Los compradores son menos sensibles al precio siempre y cuando un precio alto sea indicación de mayor calidad. En la mente de un cliente un precio bajo puede estar asociado con mala calidad, por lo que dicho precio puede acabar con las ventas.

Observe a la competencia

Antes de que pretenda hacer comparaciones de precio con la competencia, haga todo lo posible por conocer sus productos y su marketing, como para poder determinar si lo que ofrecen es similar a lo que usted ofrece. Por lo general no hay que asignar precios iguales a ofertas desiguales. Use las guías que presentamos a continuación para determinar cómo debe reaccionar ante los precios de la competencia.

Fije precios por encima de la competencia cuando:

- Su mercado no sea sensible a los precios.
- Su mercado esté formado principalmente por negocios en crecimiento.
- Su producto sea parte integral de un sistema establecido.
- Usted tenga una sólida reputación por estatus, servicio o valor percibido.
- Su costo por producto represente un pequeño porcentaje de los costos totales de su cliente.

Fije precios por debajo de la competencia cuando:

- Su mercado sea sensible a los cambios de precios.
- Esté intentando entrar a un mercado nuevo.
- Sus clientes necesiten volver a hacer pedidos.
- Su negocio sea lo suficientemente pequeño como para que su reducción de precios no inicie una guerra de precios.
- Usted no haya alcanzado aún su capacidad total de producción.

Práctica Personal #21
Paso 2: Cómo fijamos nuestros precios

Fije el precio máximo

1. Sus clientes consideran que su producto o servicio es:
   (   ) Muy común
   (   ) Excepcional

2. ¿Hasta qué punto sus clientes están conscientes de los sustitutos de sus productos?:
   (   ) No muy conscientes
   (   ) Muy conscientes

3. ¿Cuán fácil le resulta a sus clientes comparar su producto con el de la competencia?:
   (   ) No muy fácil
   (   ) Muy fácil

4. ¿Cuán significativa es la cantidad de dinero que invierten sus clientes en su producto o servicio, en proporción al total de sus gastos anuales?:
   (   ) No muy significativa
   (   ) Muy significativa

5. ¿Cuán conscientes están sus clientes del tiempo y dinero que pueden ahorrar comprando su producto?:
    ( ) No muy conscientes
    ( ) Muy conscientes

6. ¿Cuán fijos está en la mente de sus clientes el precio de su producto y el sentido de calidad de su negocio?:
    ( ) No muy fijos
    ( ) Muy fijos

7. Cuando examina a sus competidores, ¿qué es cierto?:

    7a.
    ( ) La suya es una de varias empresas en crecimiento.
    ( ) Usted es nuevo en este mercado.

    7b.
    ( ) Usted necesita ser conocido en el mercado.
    ( ) Prefiere que la competencia no se fije en usted.

Nota: Si en general marcó las primeras opciones, podrá fijar precios ligeramente por encima de la competencia; si marcó las segundas, lo más probable es que tenga que fijar sus precios por debajo, hasta que esté mejor establecido.

Esta Práctica Personal continúa con el Paso 3.

Práctica Personal #21
Paso 3: Cómo fijamos nuestros precios

Cómo fijar objetivos de precios

Un objetivo común de los empresarios es tratar de recuperar, a través de los precios, sus inversiones en el desarrollo lo más pronto posible. Esto es particularmente importante en las industrias donde la competencia puede hacer obsoleto su proyecto en un breve periodo.

Algunas compañías fijan sus precios con la idea de fomentar una amplia prueba del producto cuando se introduce por primera vez. Suponen que cuando el precio aumente, los clientes seguirán siendo leales porque el producto cubre plenamente sus necesidades.

Es importante tomar en cuenta el papel que juegan los precios en la imagen de una compañía. Un precio inadecuado puede destruir otro marketing diseñado para crear una cierta imagen.

Es frecuente que, al aumentar las ventas, los costos comiencen a bajar en algún punto definible. El objetivo de fijar precios puede ser el de vender suficientes unidades para reducir costos lo más pronto posible.

Práctica Personal #21
Paso 3: Cómo fijamos nuestros precios

Fije objetivos de precios

1. ¿Recientemente ha hecho un gasto de gran importancia para desarrollar o adquirir un producto nuevo?

   (   ) Sí   (   ) No

   1a. Si es así, ¿qué cantidad del dinero invertido quisiera recuperar?

   $_____

1b. ¿En cuánto tiempo quiere lograrlo?

1c. ¿Qué volumen de ventas de unidades espera para este periodo?

1d. ¿Qué precio de venta por unidad deberá cobrar para recuperar su inversión?

$_____

2. ¿Una de sus metas de marketing es ganar una porción del mercado rápidamente?

( ) Sí   ( ) No

2a. Si es así, ¿qué nivel de precios cree que debe fijar, con respecto a la competencia, para atraer suficiente interés entre los posibles clientes?

$_____

3 ¿El precio es una parte importante del marketing de su imagen?

( ) Sí   ( ) No

3a. Si es así, describa cómo usa la fijación de precios para apoyar su nivel de calidad del producto.

4. ¿Bajan sus costos por unidad en algún nivel de la producción?

( ) Sí   ( ) No

4a. Si es así, ¿cuál es el nivel de volumen de compra por unidad o efectivo?

4b. ¿Cómo debe fijar sus precios para alcanzar dicho nivel en un futuro cercano?

Esta Práctica Personal continúa con el Paso 4.

Práctica Personal #21
Paso 4: Cómo fijamos nuestros precios

Cómo seleccionar estrategias de fijación de precios

Resulta atractivo usar fórmulas para fijar los precios pero, antes de finalizar la fijación de precios, hay que tomar en cuenta cuatro factores clave:

- Los costos directos e indirectos de operación
- Las características y precios de los productos o servicios de su competencia
- La imagen de marketing que desea tener
- Su necesidad de recuperar cierta parte de su inversión

Las fórmulas que se usan comúnmente, como duplicar el precio de mayoreo, con frecuencia no toman en consideración todos estos factores.

Los siguientes enfoques respecto a la fijación de precios son apropiados para una gran diversidad de negocios. Examine cuidadosamente cada uno y determine cuál es el que apoya más estrechamente los objetivos de marketing de su compañía.

Fijación superficial de precios

Se trata de un esquema de fijación de precios que permite la ganancia máxima porque el valor percibido del producto es más importante para el cliente que su valor monetario.

Ejemplo: la computadora de mano Apple Newton logró precios únicos cuando se introdujo en el mercado, gracias a su singularidad y a la promesa de que ayudaría a organizar mejor la vida del usuario.

Precios de introducción

Este enfoque utiliza un precio deliberadamente bajo para introducir el producto, con el fin de inducir al cliente a que lo pruebe. Esto con la expectativa de desarrollar una lealtad al producto que permita subir los precios gradualmente.

 Recuerde: sus competidores podrán neutralizar esa ventaja de precio, bajando los suyos más, pero es menos probable que lo hagan si su compañía goza, además, de una ventaja de costos discernible, o es lo suficientemente pequeña como para no atraer la atención de competidores más grandes.

Ejemplo: al iniciar, Little Caesar's Pizza bombardeó el mercado con la promoción "dos pizzas por el precio de una", buscando quitarle clientes a Domino's, quienes no son reconocidos como *gourmets* de la pizza, pero a quienes les encanta hacer rebajas.

Precios neutrales

Este plan de marketing pretende fijar precios muy similares a los de los demás, de tal forma que el precio se convierte en algo secundario para el cliente en su decisión de compra. Es una estrategia preferida por las empresas pequeñas, en particular, las que ofrecen productos no diferenciados.

Ejemplo: la compañía local de limpieza de alfombras que ofrece "tres habitaciones por $39.95" generalmente fija precios muy similares a los de sus competidores. Esta empresa quiere vender con base en su pronta respuesta al cliente, su capacidad de quitar todo tipo de manchas, etc. más que en el precio.

Un solo precio *vs.* precios flexibles

Ésta es una opción que requiere de vendedores bien capacitados que puedan discernir, a través del contacto directo, qué combinación de características estándar, de entrega y especialización desea cada cliente. Para facilitar esta forma de fijar precios, antes de la venta se crean "paquetes" buscando una fácil comprensión por parte del cliente.

Ejemplo: los agentes de viajes generalmente ofrecen diversos precios para el mismo viaje en crucero: "económico", "turista" o "de lujo". El factor principal de diferenciación es el tamaño y la ubicación del camarote, además de incluir algunos elementos valiosos y atractivos que son muy bien recibidos, como cenar en la mesa del capitán.

Precios según la hora de compra

Cuando su base de clientes se compone de grupos que van de compras a horas diferentes, puede ajustar los precios de acuerdo con la hora del día.

Ejemplo: descuentos en la cena para "tempraneros".

Alineación de productos

Involucra el ofrecimiento de una línea de productos relacionados con una progresión de precios.

Ejemplo: Sears, Roebuck & Co. ha ganado millones de dólares en ventas ofreciendo productos con precios calificados como "Bueno", "Mejor" y "El mejor". Durante muchos años su "El mejor" fue un producto con etiqueta privada de Sears.

Agrupamiento de productos

Este enfoque requiere que el cliente adquiera un producto o servicio que no considere muy importante para obtener el producto o servicio que considera más importante. Hay dos enfoques:

- Agrupamiento opcional: los productos se pueden comprar por separado, pero existe la opción de adquirirlos juntos con un descuento.

  Ejemplo: el equipo para esquiar se puede adquirir pieza por pieza, pero frecuentemente se vende completo a un precio inferior a la suma de las piezas individuales.

- Agrupamiento con valor añadido: ofrece un valor añadido a los compradores sensibles a los precios.

  Ejemplo: Alcoa vende aluminio en cable por menos de lo que vende aluminio virgen.

Por obligación y por tiempo

- La fijación por obligación es ahora ilegal en muchos casos, pero algunos productos están diseñados para que solamente acepten sus propias refacciones.

  Ejemplo: las salas de cine a menudo exigen que la gente consuma sus refrigerios en las tiendas interiores, a precios más altos.

- Por tiempo es una forma de fijar precios que se basa en la renta de un bien más que en su venta.

  Ejemplo: algunas compañías de fotocopiadoras rentan estas máquinas por un precio fijo mensual, además de un cargo por uso basado en el volumen de copiado.

Práctica Personal #21
Paso 4: Cómo fijamos nuestros precios

Seleccione una política de precios

1. Su producto está posicionado para:

    ( ) Aprovechar la superioridad percibida de su producto.

    ( ) Ganar una porción máxima del mercado lo más pronto posible.

2. Basado en el posicionamiento de su producto, designe cuál política de precios es la más adecuada para sus objetivos.

    ( ) Fijación superficial de precios

    ( ) Precios de introducción

3. ¿Pretende usted tener un solo precio o lista de precios para sus productos todo el tiempo?

    ( ) Sí   ( ) No

    3a. Si no es así, indique cómo va a diferenciar sus precios para las distintas combinaciones de producto o servicio:

4. ¿La hora de compra es un factor importante para determinar los precios?

    ( ) Sí   ( ) No

5. Si es así, ¿cómo va a seleccionar su estrategia de precios para cobrar tarifas diferentes en horas distintas?

6. ¿Piensa establecer "familias de precios" para los productos relacionados?

    ( ) Sí   ( ) No

    6a. Si es así, describa cómo fijará los precios:

7. ¿Tiene pensado ofrecer precios diferentes para productos por separado y como parte de un conjunto?

    7a. Si es así, describa cómo fijará los precios para agrupamientos de productos o servicios.

8.   ¿Piensa fijar precios por obligación o por tiempo como parte de su estrategia?

(   ) Sí   (   ) No

8a. Si es así, describa de qué manera quedarán integrados éstos a su estrategia de marketing:

Esta Práctica Personal continúa con el Paso 5.

Práctica Personal #21
Paso 5: Cómo fijamos nuestros precios

Cómo seleccionar una política de descuentos

En la actualidad, los clientes esperan descuentos en el precio al comprar determinadas combinaciones, a ciertas horas o al exceder ciertas cantidades de unidades o de dinero. Éste es un hecho, y si usted quiere hacer una adecuada fijación de precios, debe tomar en consideración los descuentos.

Con frecuencia los descuentos se usan para hacer más expedito el pago de los pedidos; por ejemplo, el conocido "1%, a 10 días, neto 30" que permite un descuento del 10% en la cantidad facturada si se paga antes de diez días después de haber sido recibido. Pero sea cauteloso al ofrecer descuentos, pues muchos de los grandes clientes tienen la mala costumbre de aprovechar el descuento a pesar de que no pagan dentro de los diez días permitidos. El efecto neto de los descuentos en estos casos es, simplemente, la reducción de sus ganancias.

La estrategia básica de un descuento es motivar a los clientes para que compren más de una sola vez o que compren con más frecuencia porque, así, ahorran dinero.

Hay una serie de estrategias de descuentos bien conocidas:

No acumulativo

Es un descuento del precio establecido por comprar cierta cantidad.

Ejemplo: 13 donas por el precio de 12.

Acumulativo

En este descuento, el cliente obtiene una reducción de precios basada en las compras totales que ha efectuado durante un periodo específico, como podría ser un año. Con frecuencia se le denomina descuento por volumen.

Ejemplo: una agencia de automóviles que ofrece una rebaja del 10% sobre el precio normal en la compra de más de $500 en servicios de mantenimiento y reparación.

Por paso

Para obtener este tipo de descuento, el cliente primero debe comprar una cantidad mínima y luego se le descontará por cada unidad monetaria que sobrepase el mínimo. También se conoce como descuento por bloque.

Ejemplo: un impresor ofrece copias a mitad del costo normal por página después de que se han hecho 100 copias de una sola página.

Comercial

Son descuentos que se otorgan a una amplia variedad de clientes, basándose en un programa de descuentos fijos. En ocasiones la reducción máxima se ofrece para ventas sin devolución.

Ejemplo: las editoriales suelen ofrecer descuentos del 20% o más por cantidades relativamente pequeñas de libros: menos de 30 ejemplares. El descuento máximo es, por lo general, del 50% si se compran más de 50 libros a la vez y se adquieren sin derecho a devolución.

Promocional

Este tipo de descuento tiene el fin de motivar al cliente a participar en la promoción de su producto mediante una publicidad que corre a cargo del cliente. Un descuento típico es del 2% de la factura si demuestran que publicaron anuncios con el logotipo de su compañía.

Ejemplo: Sony paga a los minoristas grandes sumas de dinero para que exhiban su logotipo en toda su publicidad, promoción y anuncios.

Práctica personal #21
Paso 5: Cómo fijamos nuestros precios

Seleccione un plan de descuentos

1. ¿Cuál de los siguientes planes usará para fijar descuentos?

   (   ) Cantidad total de dinero en un pedido individual

   (   ) Total de dinero en ventas acumuladas durante un periodo determinado

   (   ) Todas las ventas en pesos que superen cierta cantidad

   (   ) Por promoción documentada donde aparezca el nombre de su producto o servicio

2. ¿Ofrece usted descuentos por pronto pago?

   (   ) Sí   (   ) No

   2a. Si los ofrece, ¿cuál es el porcentaje de descuento?_____

   ¿Cuál es el plazo de pago?_____

3. ¿Ofrece descuentos estándar a cualquier persona que haga un pedido por una cantidad específica de dinero?

( ) Sí   ( ) No

3a. ¿De cuánto es este descuento?

4. ¿Ofrece mayores descuentos cuando el cliente ha hecho pedidos cierto número de veces?

( ) Sí   ( ) No

4a. ¿De cúanto son estos descuentos?

Esta Práctica Personal continúa con el Paso 6.

Práctica Personal #21
Paso 6: Cómo fijamos nuestros precios

Cómo seleccionar una política de precios geográfica

Con frecuencia se pierden ventas no porque su precio básico no sea aceptable, sino porque el precio de transportar el producto al cliente es más alto que el de la competencia.

Por ejemplo, en el negocio de las cajas de papel corrugado, cuando la entrega es a más de 150 millas de la planta, el costo del flete deja de ser competitivo. El resultado es que en la mayoría de las zonas industriales existen fábricas de cajas cada 200 a 300 millas.

El costo del flete fácilmente puede alcanzar del 2 al 4% del costo total del producto, por lo que se requiere de un sistema para rastrear esos costos y usar el resultado para negociar mejores tarifas de transporte con los transportistas locales y las compañías de carga aérea. También hay que tomar en cuenta las necesidades de los clientes en cuanto a la rapidez con que esperan la entrega del producto.

Varias compañías de ventas por catálogo con orientación empresarial se han percatado de que las entregas inmediatas son vitales para poder mantener una imagen de comerciantes confiables. Como resultado, ahora es común ver que algunos negocios de pedidos por correo ofrecen una opción de entrega al día siguiente, con frecuencia por una cantidad ligeramente superior a la que se cobra por la entrega acostumbrada.

Otro factor que hay que tomar en cuenta para una estrategia de precios geográfica es que tal vez la competencia no tenga la misma fuerza en toda el área geográfica donde usted vende. Ciertas ciudades son muy competitivas y otras tienen poca competencia; esta variación le permite fijar precios ligeramente más altos en algunos mercados para compensar las tarifas de otras partes que le imposibilitan recuperar todos los costos de transporte y manejo.

Las siguientes son algunas estrategias geográficas de precios.

Planta FOB

FOB son las siglas de "Franco a bordo" en inglés, y significa que el vendedor queda libre de responsabilidades en cuanto los bienes estén a bordo del vehículo de entrega.

En este esquema, el comprador paga el flete desde la ubicación de la fábrica hasta el almacén del cliente. Legalmente, éste asume la propiedad de los bienes cuando están ubicados en el interior del camión en la fábrica de usted. Esto puede ser vital en caso de que la carga sufra daños durante el transporte.

Ejemplo: un fabricante de muebles envía su camión a la planta de un proveedor de componentes para recoger material. Una vez que los materiales han sido cargados, pasan a ser propiedad del cliente, quien es responsable de pagar el flete para que lleve la carga a su propia planta.

Absorción del flete

En este enfoque de precios, usted deduce los costos del transporte de la factura total. Por lo general se requiere que el cliente adquiera una cantidad mínima en valor monetario para poder recibir tal deducción.

Ejemplo: algunas cadenas de almacenes de productos de oficina ofrecen entrega local gratuita con cualquier pedido que supere los $50.

Precio uniforme con entrega

Es el enfoque opuesto al FOB en el que usted, como proveedor, paga el transporte pero lo suma a su precio total. Usted es legalmente responsable de la carga hasta que llegue a las instalaciones del cliente. Es frecuente que se utilicen zonas para determinar el costo del transporte, lo cual reduce la complejidad de calcular el precio total.

Ejemplo: este enfoque se utiliza comúnmente con productos importados, donde el costo "en tierra" incluye fletes marítimos y fletes de transporte doméstico para llevar el embarque a la planta del cliente.

Práctica Personal #21
Paso 6: Cómo fijamos nuestros precios

Seleccione una política geográfica de precios

1. ¿Cual es el método tradicional en su industria para incluir los costos de transporte en el precio global?

    (   ) Planta FOB

    (   ) Absorción del flete

    (   ) Precio uniforme con entrega

2. ¿Puede modificar sus precios en diferentes partes de su área de distribución?

    (   ) Sí   (   ) No

    2a. Si es así, describa cómo lo hace.

3. ¿Usa usted zonas para determinar el costo del flete y añadirlo a su precio?

    (   ) Sí   (   ) No

3a. Si es así, describa cómo lo hace.

4. ¿Cuáles son los diferentes tipos de transporte que exigen sus clientes?

5. ¿Cómo rastrea los costos de estos diversos métodos?

6. ¿Cómo usa esta información para negociar mejores tasas?

Seguimiento de la Práctica

El objetivo de este resumen es revisar todos los puntos de importancia que hay que considerar al fijar los precios de su compañía.

1. Desarrolle un sistema confiable para capturar información sobre gastos que le permita describir con precisión los costos variables y fijos.
2. Combine dicha información sobre gastos con las ventas estimadas de unidades para su producto, con el fin de hacer un análisis del punto de equilibrio. Con esta técnica puede determinar cuántas unidades más debe producir para cubrir los costos, así como cuántas unidades habrá que vender para permitir cierta ganancia.
3. Utilice el análisis del punto de equilibrio para fijar el precio mínimo por unidad de producto o servicio que deberá vender. Evite bajar de este punto.
4. Utilice la información del mercado y su propia experiencia para evaluar las combinaciones de precios y características del producto de la competencia más directa. Analice la sensibilidad a los precios de sus clientes, y use esta información para determinar cuánto más por encima del mínimo puede fijar sus precios.
5. Describa las metas financieras, de ventas y ganancias, que quiere alcanzar con su política de precios. Considere particularmente los costos del desarrollo del producto que quiere recuperar. Detalle en qué periodo desea pagar estos gastos. No olvide tomar en cuenta las metas no financieras, como el impacto sobre su imagen general de marketing.
6. Revise las prácticas de la industria, las exigencias de los clientes, sus propias metas de crecimiento financiero y de mercado, así como cualquier relación especial que su compañía tenga con clientes clave, para poder optar por una o más de las estrategias de precios descritas anteriormente. Podría hacer una combinación de varias estrategias juntas.
7. Esté al tanto de las políticas de descuento de la industria a la que pertenece, así como de las exigencias de descuentos especializados de sus principales

clientes. Decida cómo compensar estas rebajas mediante el manejo más eficiente, una mejor compra de materias primas, etc., para mantener el nivel de rentabilidad deseado.

8. Analice la posibilidad de cambiar un precio estándar a lo largo del área geográfica que usted cubre. ¿Existen variaciones en la competencia que puedan permitir precios más altos en determinadas zonas? Compruebe sus propios conocimientos en cuanto a los costos de transporte. Pregúntese: ¿Están pagando los clientes su porción justa del flete? Si no, ¿cómo puedo ajustar esta situación?

Respuestas a la Práctica Personal #21 Paso 1

Ejercicio #1: ¡Inténtelo! Cortinas "West"
Identifique los costos fijos y variables

Nota: Para cada gasto designe si se trata de un gasto fijo o variable circulando la letra F o V.

Categoría de gasto	$ Cantidad	Circule	Variable/Fijo
Salarios de oficina	$5,000		F
Mano de obra directa	30,000	V	
Materiales de oficina	500	V	
Teléfono	100		F
Seguros	400		F
Comisiones de ventas	10,000	V	
Renta	2,000		F
Publicidad	250		F
Mantenimiento	1,250	V	

Ejercicio 2: ¡Inténtelo! Cortinas "West"
Calcule el punto de equilibrio en unidades

Datos:

- Nuestro costo fijo total = $7,400
- Nuestros costos variables totales = $42,100
- Nuestro precio de venta por unidad = $25.00
- Nuestro estimado del total de ventas anuales = 4,000 unidades

1. Calcule costo variable por unidad =
Costo variable total ÷ número de unidades vendidas
$42,100 ÷ 4,000 = $10.53 por unidad

2. Contribución por unidad =
Precio de venta ÷ costo variable por unidad
$25.00 ÷ $10.53 = $14.47

3. Calcule el punto de equilibrio en unidades =
Costo fijo total ÷ contribución por unidad
$7,400 ÷ $14.47 = 512 unidades (redondeado)

El análisis del punto de equilibrio también se usa para determinar el efecto que un cambio de precio tendrá en las unidades que debe vender para seguir alcanzando el punto de equilibrio.

Ejercicio #3: ¡Inténtelo! Cortinas "West"
Uso del punto de equilibrio para fijar precios

1. Suponga que el precio de venta se baja de $25 a $23.
2. ¿Cuántas cortinas más deberá vender para llegar al punto de equilibrio si se reduce el precio $2.00 por unidad?
    a. Nueva contribución por unidad = $23 - $10.53 = $12.47
    b. Total de costos fijos = $7,400
    c. Dividir $7,400 entre $12.47 = 594 (redondeado)
    d. Éste es el nuevo punto de equilibrio en unidades
3. Nuevo punto de equilibrio en unidades: 594

Ejercicio #4: ¡Inténtelo! Cortinas "West"
Uso del punto de equilibrio para determinar la utilidad

1. Suponga que "West" quiere lograr una ganancia de $5,000 en cortinas que vende a $25 cada una. ¿Cuál es el punto de equilibrio en unidades?
   a. Total de costos fijos deseados más utilidad = $7,400 + $5,000 = $12,400
   b. La contribución por unidad es de $14.47 a un precio de venta de $25 por unidad.
   c. Divida el total de ganancias y de costos fijos $12,400, entre la contribución por unidad: $14.47.
   d. Tendría que vender 857 cortinas para alcanzar la cantidad de ganancias deseada.

2. Punto de equilibrio de la unidad: 857

Ha completado el Reto 3

En el Reto 1, combinó su conocimiento existente del perfil de sus clientes y sus necesidades con la investigación de nuevos mercados, para responder las preguntas de marketing que le permitirán crear una estrategia aun más poderosa.

En el Reto 2, sistemáticamente desarrolló esta estrategia mediante la terminación por escrito de un plan de mercado completo que detallara las metas financieras y de porción del mercado de su compañía, así como las técnicas que espera utilizar para lograrlas.

En el Reto 3, describió conjuntos muy específicos de tácticas para crear el diseño del producto, seleccionando el arreglo de distribución y calculando el precio requerido para lograr una utilidad óptima.

Para usar una frase coloquial, es aquí donde "a las pruebas se remite". Este Reto fue diseñado para ayudarle a dar los pasos necesarios que lo guíen a usted y a sus empleados hacia la consecución de sus metas.

Tal vez haya escuchado la expresión, "el secreto está en los detalles". Su capacidad para producir las metas de rentabilidad deseada para su compañía, ahora está conectada con su habilidad para abarcar con éxito los múltiples detalles del marketing cotidiano, cuando las cosas no van como se planeó, cuando está soportando la formidable presión de la competencia y cuando parece que nunca hay suficiente dinero.

El plan de acción que inició en el Reto 3 lo terminará con el trabajo del Reto 4: comunicarse con su mercado. En él detallará las técnicas que utilizará para comunicar eficazmente a sus clientes por qué su producto, ubicación y política de precios son superiores a los de sus competidores.

Deja el Reto 3 con lo siguiente:

Información. Se le ha expuesto a varios procedimientos detallados para guiar el desarrollo de nuevos productos, evaluar las decisiones sobre su ubicación, y comprender los costos de operación. Ha ha seguido un proceso de múltiples pasos que combina la información realista de los costos, los perfiles de la competencia y los requisitos del cliente para fijar precios que rindan utilidades.

Herramientas. Las Prácticas Personales son herramientas que utilizará para tomar sus decisiones de marketing relacionadas con el producto, la ubicación y la política de precios.

Aprendizaje. Aprendió técnicas para recopilar y usar con eficacia la información del mercado, las características del producto que desean sus clientes, sus exigencias en cuanto a aspectos como comodidad y conveniencia para comprar, así como los costos en los que incurre para satisfacer sus demandas.

 Trabajo en red. En este Reto le mostramos los recursos para obtener información útil para el desarrollo de una mezcla coordinada de marketing. Incluimos fuentes de información sobre el desarrollo de nuevos productos, el establecimiento de garantías, la relación de las características del producto con su posición en el ciclo de vida del mismo, la obtención de la información necesaria para seleccionar la ubicación de su negocio, y las fuentes sobre hechos y cifras útiles para una fijación de precios que devengue utilidades.

Reto 3: Autoevaluación

La siguiente autoevaluación le presenta una lista de comprobación de las actividades que habrá que cumplir antes de intentar la implantación de su plan de marketing.

PARTE UNO: Decisiones sobre el producto

( ) Puedo explicar el razonamiento detrás del surtido de nuestro producto.
( ) Puedo describir cómo dirigimos el desarrollo de nuevos productos.
( ) Puedo presentar cualquier plan de marketing orientado a marcas y describir cómo nos comparamos con la competencia.
( ) Puedo describir nuestras estrategias de empaque y etiquetado.

( )   Puedo explicar nuestras políticas de garantías y compensaciones.

PARTE DOS: Decisiones sobre la ubicación

( )   Puedo explicar hasta dónde deseamos distribuir nuestros productos.

( )   Puedo describir cómo seleccionamos el tipo de distribución que usamos para nuestros productos y cómo esta estrategia se relaciona con nuestras metas para el crecimiento de nuestra porción del mercado.

( )   Puedo explicar nuestro razonamiento para escoger ubicaciones para nuestras instalaciones, cómo cubrimos los pedidos y pagos de nuestros clientes, y cómo contratamos suficiente personal además de todos los pasos que seguimos para que nuestros clientes reciban pronto y en buen estado nuestro producto.

( )   Puedo explicar nuestra política sobre las horas de operación y relacionarla con las necesidades de nuestros clientes.

PARTE TRES: Decisiones sobre los precios

( )   Puedo detallar nuestros gastos fijos y variables e identificar los puntos de equilibrio para todas nuestras líneas de producto.

( )   Puedo explicar las metas que queremos lograr con nuestra estrategia de precios.

( )   Puedo presentar cómo nuestra estrategia de precios fluye a partir de nuestra investigación de mercado, y cómo nuestros precios se usan para reforzar la imagen de marketing que deseamos mantener.

(   )   Puedo describir las estrategias específicas de precios que usamos y por qué.

(   )   Puedo explicar las variaciones en nuestros precios debidas a los descuentos, la consideración de los costos de transporte, y las diferencias geográficas en la demanda del cliente y la presión de la competencia.

COMUNICARSE
CON SU MERCADO

Supongamos que usted ha logrado mejorar un producto básico, pero los clientes no acuden a su negocio como lo esperaba. Los representantes publicitarios de diversos medios le llaman para convencerle de que si anuncia ese producto en sus periódicos o revistas, o en sus estaciones de radio o canales de televisión, los clientes aumentarán considerablemente. ¿Cómo decide dónde anunciarse o si, en primer lugar, debe hacerlo?

Casi todas las decisiones de promoción o publicidad se toman por capricho y, con mucha frecuencia, es el talento del vendedor de publicidad el factor más importante en su decisión de anunciarse o no. Las promociones no se coordinan, y no existe ningún seguimiento.

Al terminar el Reto 4 usted podrá:

- Desarrollar las bases para su proyecto de promoción
- Entender la diferencia entre características y beneficios
- Posicionar su producto/servicio/tienda

- Desarrollar un mensaje que sea eficaz
- Determinar qué herramientas promocionales funcionarán para su negocio específico
- Utilizar adecuadamente dichas herramientas promocionales
- Lograr la sinergia en sus promociones

Las bases de su plan promocional

Antes de utilizar con eficacia la promoción, le recomendamos que responda las preguntas que a continuación formulamos pues, de lo contrario, ni toda la creatividad del mundo logrará que sus promociones sean eficaces.

- ¿Quiénes son sus clientes potenciales?
- ¿Qué necesitan y qué quieren esos clientes?
- ¿Cuánto están dispuestos a pagar?

El principal error de muchos negocios radica en no saber diferenciar claramente a su clientela base, y no desarrollar estrategias de producto y de promoción adecuadas para cada uno. Otro error en que incurren consiste en seleccionar un grupo de clientes que es casi imposible de abordar. Trate de encontrar un medio publicitario o lista de correo que incluya a personas que piensan iniciar un negocio y excluya a las que no lo estén haciendo. Quizá tenga que definir su mercado objetivo de alguna otra manera para determinar cómo acercarse a ellas. Si su meta es llegar a las personas que se interesan en iniciar un negocio, podría dirigirse a una profesión en la que considere que un alto porcentaje de la gente tiene ese interés. Por ejemplo, muchos maestros de escuela y muchos burócratas se interesan en iniciar un pequeño negocio.

Examine su empresa: puntos fuertes y débiles, imagen

Primero examine los puntos fuertes y débiles de su empresa desde el punto de vista de sus clientes. Recuerde que no vivimos conforme a la realidad de las cosas, sino conforme a nuestra percepción de las mismas. Si sus clientes perciben que usted tiene un punto débil, no puede ignorarlos aunque estén equivocados.

De manera periódica, los encargados de un negocio deben examinar estrechamente a su equipo de vendedores, sus contactos con la clientela, la atención por teléfono, el horario de operación, los productos y servicios, el local y sus facilidades de estacionamiento, además del sistema de cobranza. Luego, deberán pedir a los clientes su opinión al respecto de todo esto.

Una vez que los dueños o encargados de la empresa hayan comparado su evaluación con la de sus clientes, el siguiente paso consiste en ver cómo mejorar esa imagen.

Desarrolle su plan promocional

- ¿Quiénes son sus competidores?
- ¿Cuáles son sus puntos fuertes y débiles?
- ¿Por qué los clientes acuden a ellos?

Aunque es muy importante enfocarse en la clientela, una empresa también debe basar su estrategia partiendo de sus puntos fuertes, y tomando en cuenta los puntos fuertes y débiles de sus competidores.

No tiene sentido encarar a un oponente más grande; es decir, si una empresa pequeña se enfrenta a un competidor más fuerte, lo más recomendable es no imitar sus tácticas y estrategia.

PSI Con frecuencia, los dueños de pequeñas empresas se preguntan, "¿Debo anunciarme en esta publicación o en esta estación de radio?", cuando debieran preguntarse, "¿Cómo puedo invertir mejor mi capital para promociones?" Esto significa que, para tener una respuesta, primero debe examinar todas las herramientas promocionales y los medios publicitarios existentes.

Usted respondió a las anteriores preguntas cuando desarrolló su plan de marketing. Ahora considere cómo va a usar esa información. Tal vez decida que tendrá que definir más a fondo quiénes son sus clientes potenciales, incrementar el conocimiento que tiene de sus necesidades, o conseguir más información sobre la competencia, antes de poder desarrollar el mensaje que quiere transmitir a sus clientes. Cuanto mejor responda a estas preguntas, más fácil le será desarrollar su mensaje y seleccionar las herramientas promocionales.

Responder a estas preguntas es tan sólo el primer paso en el desarrollo de su plan promocional pues, al igual que con su plan de marketing, debe determinar qué quiere hacer. Desde luego, quiere generar ventas, pero no todas las herramientas promocionales pueden generar ventas para todas las industrias. Algunas crean reconocimiento, otras generan interés, algunas más califican posibilidades, otras tantas brindan información a los clientes potenciales y, por último, algunas venden. Por lo tanto, existen cuatro preguntas adicionales que debe responder antes de que desarrolle cualquier campaña promocional. Estas preguntas son de sentido común, por lo que con frecuencia las pasamos por alto.

Cuatro preguntas esenciales en la planeación de una campaña promocional

1. ¿Qué quiere lograr?
- Vender su producto o servicio
- Generar posibilidades
- Calificar posibilidades
- Reforzar las ventas
- Crear reconocimiento

PSI

Si ya ha definido que su mercado está constituido por los habitantes del Condado de Dane, todo periódico, revista, estación de radio, canal de televisión y publicación de cupones le dirá que llega, precisamente, a su mercado; y todos tendrán razón. Así que la selección del medio publicitario adecuado será como comparar manzanas con naranjas.

Si su mercado son los varones, entre 25 y 54 años, interesados en participar en actividades deportivas, automáticamente eliminará a algunos medios y, mediante la obtención de los paquetes informativos de cada uno de esos medios, también podrá determinar cuál llega a este mercado con mayor eficacia y economía.

2. ¿Por qué quiere lograrlo?
- Para elaborar una lista de correo
- Para generar posibilidades para el telemarketing
- Para calificar posibilidades para la fuerza de ventas
- Para recuperar clientes perdidos

3. ¿Cómo sabrá si lo logra?
- Indagando el origen de las respuestas
- Preguntando a los clientes

4. ¿Qué hará si lo logra?
- Dar seguimiento con telemarketing
- Dar seguimiento con visitas de ventas
- Enviar información adicional

- Añadir los clientes potenciales a la lista del boletín de prensa
- Añadir los clientes potenciales a la lista de correo

Metas promocionales

Las metas promocionales pueden ser a corto o largo plazo. Las de corto plazo son las que el dueño de un negocio espera realizar en un año o menos; las metas a largo plazo toman más tiempo para alcanzarse.

Las metas promocionales a corto plazo son un llamado a la acción y deben estar dirigidas a generar respuestas inmediatas de los clientes. Cada promoción debe tener una respuesta específica en mente, pues no todas generan ventas. Las promociones pueden diseñarse para lograr lo siguiente.

Vender su producto o servicio: Esta promoción debe ser global; equivale al agente de ventas, y es muy importante que incluya un mecanismo de respuesta. Veamos cómo José Luis utilizó el correo directo para vender sus productos.

 Salsas del Paraíso, Juan Carvajal: Enviamos publicidad por correo directo a todos los mayoristas que venden nuestros productos, con una oferta especial de una nueva salsa. La publicidad incluía testimonios de expertos en comestibles que habían probado la nueva salsa, así como información de precios. De los 50 mayoristas que venden nuestro producto, 10 solicitaron el nuevo producto.

Generar posibilidades: Esta promoción proporciona menos detalles; genera interés en el producto o servicio pero deja que el equipo de ventas dé toda la información. Es común que se incluya un obsequio, un artículo gratuito o un cupón para provocar una mayor respuesta; con frecuencia se usa para "robar" legalmente los nombres de una lista de correo adquirida.

Abarrotes Los Cuatro Vientos, José Luis: Pusimos un anuncio en el periódico local para informar a la gente que Abarrotes Los Cuatro Vientos era el lugar para encontrar comestibles poco comunes.

Las metas a largo plazo pueden requerir que se establezca la imagen de un producto o que se dé a conocer a los clientes un producto o la imagen de una empresa.

Preparación para la Práctica Personal #22
Metas promocionales

Utilice la siguiente Práctica para aprender a dividir en categorías sus esfuerzos promocionales a corto plazo con base en la meta que se busca alcanzar. Muchos negocios descubren que sus promociones generan reconocimiento, pero no ayudan a calificar posibilidades o a generar ventas. Aquí descubrirá los huecos que hay que llenar y empezará a evaluar cómo utilizar con mayor eficacia su capital promocional.

En los últimos dos años, los gastos promocionales de Salsas del Paraíso aumentaron significativamente. El dueño, José Luis, decidió analizar sus promociones para ver si podía hacer mejor uso del capital asignado a ellas. Antes de empezar la siguiente Práctica, observe cómo José Luis la resolvió.

Práctica Personal #22
Metas promocionales

Promoción	Generar posibili-dades	Calificar posibili-dades	Reforzar las ventas	Crear recono-cimiento	Vender directa-mente
Correo directo de nueva salsa					X
Anuncio en El Abarrotero Exitoso			X		
Visitas de vendedo-res a potenciales mayoristas		X			
Puesto en la exposi-ción nacional de comerciantes en comestibles	X	X		X	X

Considere la posibilidad de eliminar o modificar cualquier promoción que sólo generó reconocimiento y subraye las promociones que necesita reconsiderar. Reflexionando en el objetivo de sus promociones, podrá decidir con objetividad cuáles funcionan y cuáles no. Esto le permitirá modificarlas para que funcionen mejor, o eliminarlas.

Práctica Personal #22
Metas promocionales

Promoción	Generar posibili-dades	Calificar posibili-dades	Reforzar las ventas	Crear recono-cimiento	Vender directa-mente

Seguimiento de la Práctica

Ahora ya puede reflexionar en el propósito de cada promoción, lo que le alentará a lograr que sus promociones funcionen mejor. Más que colocar un anuncio que sólo genere reconocimiento, podrá diseñarlo para también generar preguntas, calificar posibilidades o vender.

Lo que se comunica:
el mensaje promocional

Existe una importante diferencia entre las características y los beneficios de un producto o servicio. Una característica es un elemento físico de un producto o servicio que describe lo que éste hace, cómo funciona, o qué servicios proporciona. Las características constituyen el lenguaje de su compañía; por ejemplo, las características de un escritorio incluyen: fabricación en madera, cuatro cajones más un cajón de archivo, y medidas de 3 pies de ancho por 6 pies de largo.

Los beneficios traducen las características de un producto al lenguaje del consumidor. Un beneficio explica al consumidor las ventajas que obtendrá gracias a las características del producto. El beneficio es la razón por la cual una persona comprará su producto o servicio; por ejemplo, los beneficios del escritorio se traducen en un símbolo de estatus o una imagen profesional, fácil acceso a materiales y archivos, y espacio cómodo de trabajo.

Los empresarios a menudo tratan de aumentar los beneficios de un producto haciendo hincapié en la calidad. Pero la calidad por sí misma no es un beneficio o un punto de venta. Uno necesita descubrir en qué reside la calidad y demostrarlo, no sólo decirlo. El lema de Ford, "La calidad es nuestra tarea principal", es una excepción a esta regla porque Ford empezó a usar este lema antes de que se abusara del término calidad.

Quienes utilizan un marketing masivo, con frecuencia prometen numerosos beneficios a los clientes potenciales, esperando que alguno de esos beneficios genere interés en su producto o servicio. Quienes utilizan un marketing de metas múltiples y diferenciadas, seleccionan beneficios diversificados para atraer a los diferentes grupos de consumidores que han enfocado.

P S I

Hamburguesas, papas fritas, refrescos, etc., son las características que McDonald's vende; esta empresa utiliza un marketing de mercados múltiples. La gente acude por diferentes razones, de manera que los beneficios para cada grupo son diferentes.

Niños menores de 8 años

Los pequeños no van a McDonald's por la comida, y para confirmarlo sólo hay que ver todo el desperdicio que dejan; de hecho, esos pequeños generalmente no quieren pasar por el servicio en el coche que brinda McDonald's. Ellos van a divertirse, y eso es precisamente lo que se les vende en los anuncios de televisión que se transmiten entre los diferentes programas infantiles que ven.

Niños de 9 a 18 años

Aunque los miembros de este grupo tienen un apetito enorme, la razón por la cual van a McDonald's tampoco es la comida. Ellos van para encontrarse con sus amigos. Así que McDonald's destaca el mensaje: "Comida, Amigos y Diversión" en sus anuncios televisivos en los horarios principales.

Adultos

Tal vez McDonald's no sea un lugar que los adultos escogerían para comer, pero cuando nos estamos muriendo de hambre y vamos retrasados en nuestros asuntos, su servicio en el coche es muy conveniente. Por lo tanto, McDonald's anuncia "Desayunos en el Camino", en las transmisiones matutinas de la radio.

McDonald's entiende que la gente no compra las características de lo que vende, sino los beneficios, y para cada grupo los beneficios pueden ser diferentes.

Preparación para la Práctica Personal #23
Características *vs.* beneficios

El objetivo de esta práctica es aprender a hablar el lenguaje de sus clientes. El propio conocimiento que usted tiene de su producto o servicio ayuda a los clientes a comprender cabalmente lo que su producto puede hacer por ellos.

Práctica Personal #23
Características *vs.* beneficios

1. Elabore una lista de las características de su producto o servicio.

2. Después de cada característica, enumere los beneficios que ésta ofrece al consumidor. Considere que puede haber más de un beneficio relacionado con cada característica y que los beneficios pueden ser diferentes según el nicho del mercado.

3. Para cada nicho que planee cubrir, señale la prioridad de los beneficios que anotó anteriormente.

Características	Beneficios para el consumidor	Prioridades del nicho A	Prioridades del nicho B	Prioridades del nicho C

Seguimiento de la Práctica

Tras completar esta Práctica, usted sabrá cuáles son las "puntos clave" de cada uno de los mercados que piensa atacar. Ésta será la base de todos sus mensajes promocionales. En vez de abrumar con posibles beneficios a la clientela potencial, esperando que uno de ellos dé en el blanco, podrá subrayar el beneficio más importante para el nicho que quiere ganar. Si no está seguro de qué prioridad darán sus clientes a los beneficios, ahora es el momento de preguntárselo. Revise sus notas del Reto 1 para decidir cuál es la mejor manera de conseguir información sobre las prioridades de los clientes.

Posicionamiento

El posicionamiento es la imagen o cuadro mental que usted quiere imprimir en la mente de sus clientes potenciales. Su posición es la razón por la cual sus clientes le compran a usted en vez de a la competencia. El posicionamiento empieza con un producto, un servicio, una compañía, una institución o, incluso, una persona. El posicionamiento no reside en lo que usted hace a ese producto o servicio, sino en lo que provoca en la mente de los clientes potenciales; es decir, usted posiciona (o coloca, si así lo entendemos mejor) el producto en la mente del prospecto, por lo que necesita saber quiénes son los clientes potenciales y qué quieren de su producto.

La manera más fácil de introducirse en la mente de una persona es siendo el mejor. ¿Qué reloj considera la gente como el mejor? Un Rolex. Ahora bien, ¿cuál es el segundo mejor reloj? ¡Quién sabe!

Para poder diferenciar su producto del de la competencia, el proveedor tiene que decidir qué está vendiendo. Si el producto o servicio tiene atributos únicos, deje que se venda por sí mismo, pero si no los tiene, usted puede posicionarlo con base en:

- Conveniencia
- Características
- Servicio
- Selección
- Precio

¡Pero no puede hacer las cinco tareas y obtener ganancias!

Al posicionar el producto o servicio, tenga en mente que la posición que seleccione debe estar basada en la manera como puede satisfacer las necesidades de sus clientes mejor que sus competidores. Por lo tanto, hay que determinar cuáles son los atributos más importantes para ellos. A continuación, evalúe los atributos de su negocio y califique a sus competidores con base en esos mismos atributos. No se trata de luchar con sus competidores "cuerpo a cuerpo"; lo mejor es que busque y encuentre un grupo o "nicho" que nadie esté atendiendo, y lo atienda.

Preparación para la Práctica Personal #24
Describa su nicho

El objetivo de esta Práctica es encontrar segmentos del mercado, o nichos, que la competencia o no está atendiendo bien o esté ignorando. Utilice los criterios que son importantes para sus clientes al tomar la decisión de comprar o no el producto o servicio que usted ofrece. Luego, piense en lo que quiere comunicar a cada nicho basándose en su particular posicionamiento.

PSI

La compañía Levi Strauss experimentó una significativa baja en sus ventas en la década de los ochenta, cuando su clientela masculina pasó de los treinta años de edad y descubrió que sus pantalones de mezclilla comenzaban a quedarles chicos. Para no perder a ese grupo generacional, la compañía lanzó un estilo totalmente nuevo –los Dockers– que combinan la confianza en la marca Levi con un nuevo tipo de talla y modelo. Los Dockers son pantalones que se pueden llevar al trabajo, y después del trabajo. Son cómodos y se adaptan al movimiento del cuerpo. Actualmente, la división Dockers de Levi Strauss tiene ventas anuales de más de mil millones de dólares, y es la única marca de pantalones masculinos con reconocimiento mundial.

Práctica personal #24
Describa su nicho

1. Describa lo más ampliamente posible los principales productos y servicios de su competencia; por ejemplo, no piense sólo en la competencia directa, como sería otra marca de papas fritas, sino también en otros productos que podrían satisfacer los antojos de un cliente, como las palomitas, tostadas o galletas.

2. Junto a cada uno de sus principales competidores, anote una descripción de sus puntos fuertes y débiles. Entre los primeros podría incluir las características de su producto o servicio, o los beneficios que se anuncian; por otra parte, entre los segundos podría anotar los rasgos faltantes o que no se encuentran a la altura de las de su propio producto. (Un buen consejo es que analice los anuncios o materiales de promoción de la competencia, o que directamente pida su opinión a los clientes.) **Asegúrese de adoptar el punto de vista del consumidor cuando llene esta sección.**

Productos/servicios de los competidores	Puntos fuertes	Puntos débiles	Características importantes

3. Elija las dos características más importantes que intervienen en la decisión de compra de un producto o servicio. Luego haga una gráfica ilustrando la posición de su propio negocio y la de sus competidores. **Asegúrese de hacerla desde el punto de vista del consumidor.**

4. Una vez que haya identificado el nicho o nichos que ocupará, describa cada uno con una frase; por ejemplo, "El especialista en zapatos de talla pequeña," o "El producto más fresco de cualquier supermercado," o "El restaurante con las meseras más simpáticas y atractivas."

Seguimiento de la Práctica

1. Utilizar la gráfica competitiva proporciona una imagen visual de la manera como aprecian los clientes potenciales a sus competidores. Puede revelar una situación oportuna para que su compañía realice una propuesta de ventas única.

2. Reducir la descripción de su posicionamiento a una o dos frases concisas, le puede proporcionar un tema central para toda su publicidad, sus ventas promocionales y sus demás comunicados con el mercado.

3. Una descripción compacta de su posicionamiento también facilita que los empleados y clientes recuerden lo que usted quiere comunicar a propósito de su producto o servicio.

La especialización quizá provoque un poco de temor porque uno puede sentir que al delimitar su mercado encontrará muy pocos clientes para mantener su negocio a flote. Pero cuando haya definido los nichos potenciales, puede volver a la sección de planeación de marketing para calcular la demanda de mercado para su producto o servicio. Si ha seleccionado un nicho demasiado pequeño, tal vez tenga que acrecentar su negocio nicho por nicho.

El posicionamiento se basa en la simple aceptación de que, en la actualidad, la clientela se encuentra abrumada de información y promesas publicitarias. Puesto que están bombardeados de mensajes promocionales, los clientes tienden a decidir rápidamente si un producto o servicio les puede aportar o no beneficios. Si no encuentra esos beneficios, inmediatamente descarta el mensaje.

Una razón por la que las pequeñas empresas fracasan es porque no encuentran el nicho adecuado. Nunca descubren ni comunican en qué son "mejores y diferentes" comparadas con la competencia. Usted ha visto a esos negocios: la nueva tintorería o el nuevo restaurante que abrieron con gran pompa sólo para cerrar al cabo de un año. Hay que admitir un factor crítico: ningún cliente está esperando que otro negocio mediocre busque servirles. Los consumidores de hoy son demasiado listos como para darle su dinero a cualquier negocio nuevo.

Encontrar el posicionamiento correcto es sólo el primer reto. Para transformar en ventas su posición exclusiva, es necesario estar preparado para respaldarla con un plan de marketing completo. Una vez que haya seleccionado su posición, no olvide que, más que nada, el posicionamiento exitoso requiere de consistencia. Debe insistir en ello año tras año. Su posición es la base de todos sus mensajes promocionales. A continuación, veremos cómo redactar eficazmente anuncios publicitarios.

Redacción promocional

Mientras desarrolla el mensaje que desea comunicar, elija el estilo literario adecuado para el nicho al que piensa dirigirse. No trate de impresionar a su audiencia con palabras doctas o lenguaje técnico; incluso si está dirigiéndose a doctores en filosofía, redacte su mensaje en el nivel de un estudiante de preparatoria. Diríjase a los compradores. No se preocupe por escribir para los que no van a comprar: ellos ya habrán dado la vuelta a la página, desechado la publicidad o sintonizado otro programa.

La redacción del mensaje no tiene que ser agresiva ni elegante, pero sí atractiva, específica, fresca y significativa. El mensaje deberá:

- Subrayar las características distintivas del producto que son importantes para el cliente

- "Hablar con claridad"
- Señalar el producto/servicio/nombre del negocio
- Utilizar imágenes sólo si ilustran el mensaje
- Apuntar con claridad al destinatario
- Ser sencillo
- Captar la atención

Un buen redactor de mensajes publicitarios considera los intereses y el punto de vista del prospecto, y moldea su estilo para hablarle. Debe dedicar más tiempo a pensar en el lector que en lo que tiene que decir. A la gente no hay que decirle lo que necesita saber, sino lo que quiere saber.

Existen muchas fórmulas y recetas que puede seguir el redactor; no hay una sola que funcione mejor que las otras. Habrá que adaptar la fórmula para que se ajuste a sus necesidades. La técnica más sencilla es en realidad un secreto de ventas:

A	Inicie la Acción
I	Despierte el Interés
D	Estimule el Deseo
A	Incite a la Acción

Consejos para la redacción de mensajes publicitarios

Puede ser un tanto difícil comenzar a redactar mensajes promocionales; no es fácil inspirarse cuando se observa una pantalla de computadora en blanco. Pero, a menudo ayuda buscar algún mensaje publicitario viejo y empezar a modificarlo. Una vez que empiece a escribir, anote todo lo que le venga a la mente y no se preocupe por corregir el mensaje mientras lo está redactando, pues esto ahogaría su creatividad; por el contrario, trate de escribir todas las ideas que le vengan a la mente. Más tarde podrá corregir, resumir y modificar lo que ha escrito.

En el proceso de corrección, asegúrese de que el mensaje se enfoque adecuadamente en los beneficios para el consumidor y no en las características del producto o servicio. Asegúrese de concentrar la atención en uno o dos beneficios que serán los más importantes para el destinatario. Si usted da una larga lista de ellos, estará diciendo a los clientes potenciales que no sabe lo que ellos quieren, y que quiere ser todo para todos. Pero si la atención se centra en el beneficio más importante para el futuro cliente, atraerá su interés.

Asegúrese de que el beneficio es el centro del mensaje, no el mensaje en sí. ¿Cuántas veces ha recordado un anuncio atractivo pero sin tener idea del producto que se anunciaba? El capital promocional es demasiado valioso para desperdiciarse.

Puede valerse de cuestionarios y adivinanzas para ayudar a los lectores a descubrir los beneficios. Al hacer una lista de éstos, sea específico y no olvide que las generalidades no venden. Diga al lector, radioescucha o televidente exactamente lo que va a adquirir. Si está haciendo una descripción para científicos o ingenieros, utilice estadísticas como pruebas, pero si se está dirigiendo a vendedores o gerentes, utilice testimonios como pruebas.

Con frecuencia observará que los primeros párrafos del mensaje son una especie de calentamiento. Fueron escritos para poner la mente en movimiento, pero en realidad no aportan nada al mensaje; de hecho, lo más seguro es que termine eliminándolos. Asegúrese de que abordó directamente el asunto en el primer párrafo, o si tendrá que eliminarlo para mejorar el mensaje.

Haga que su mensaje luzca fácil de leer. Recuerde, no somos un país de lectores, y si tenemos que hacer un esfuerzo para leer algo, optamos por no hacerlo. Procure que sus párrafos sean cortos, para que el mensaje parezca más fácil de leer; utilice verbos de acción. Siempre que sea posible, rompa la uniformidad del mensaje haciendo uso de subtítulos, citas, testimonios o listas de comprobación. Cuando pretenda explicar más de dos características, beneficios o ideas, emplee "balazos" en vez de separar con comas.

En su mensaje, intente desarrollar una relación individual con el lector. Escriba como si se estuviera dirigiendo a una persona en especial; al hacerlo, le sugerimos que piense en un buen cliente y escriba como si se estuviera dirigiendo a él. Use la primera persona del presente de indicativo. No despersonalice su texto, diciendo, por ejemplo, "No se requiere pago alguno en este momento," en vez de "No pague ahora". Evite caer en el síndrome de "Yo no soy el responsable". Por ejemplo, "Usted ha sido seleccionado...".

PSI

Preguntas que su mensaje promocional debe responder:

1. ¿De qué se trata?
2. ¿En qué me concierne?
3. ¿Cómo lo puede demostrar?
4. ¿Qué quiere que yo haga?
5. ¿Por qué debo hacerlo?

Ya sea que su mensaje vaya a ser leído o escuchado, escriba de la misma forma como habla. Un buen mensaje publicitario no siempre requiere de una excelente gramática. Si el romper una regla gramatical le ayuda a transmitir mejor su idea, hágalo; por ejemplo, a veces una frase inconclusa comunica con más eficacia que una oración gramaticalmente correcta.

Hay que provocar una respuesta o una orden de compra. Tal vez sea necesario que repita la oferta tres o más veces de varias maneras. Recuerde, nadie escucha o lee el mensaje en su totalidad, por lo que si su oferta no se declara más de una vez, el prospecto puede pasarla por alto. Termine indicando al receptor del mensaje qué debe hacer, cuándo y cómo hacerlo, y lo que podría perder si no lo hace.

Tipos de mensajes publicitarios

No hay nada peor que quedarse mirando fijamente a una pantalla o una hoja de papel en blanco cuando se pretende escribir un mensaje. Utilice los siguientes tipos de mensajes como generadores de ideas. Por ejemplo, empiece a escribir las preguntas que los clientes podrían hacer, junto con las respuestas, pero no se preocupe de que ése pudiera ser el mejor formato; sólo empiece a plasmar sus ideas.

Preguntas y respuestas (conteste a las preguntas con honestidad)
¿Ficción o narrativa? ¿Ofertas patrióticas?

Testimonios (no los corrija; a pesar de la mala gramática, son más creíbles)

La razón	Descripción
Diálogo	Humor

Palabras a utilizar

Otra manera de poner en marcha la propia creatividad consiste en emplear algunas de las siguientes palabras para describir los beneficios que sus clientes recibirán. Estos términos también se pueden utilizar en la etapa de corrección y resumen, para asegurarse de que está utilizando palabras que venden. Observe si puede remplazar algunas de las que ya ha redactado con las siguientes:

Acaba de llegar	Gane	Oportunidad
Actúe	Garantizado	Proteja
Ahora ya puede	Gracias	Rápido
Ahorre	Gratis	Recompensa
Ahorre tiempo	Hoy	Resultados
Alegría	Imagínese	Satisfacción
Aprenda	Invite	garantizada
Aumento	La oferta se	Secretos
Beneficio	vence el 1o. de	Sepa
Cómo hacer	enero	Sin obligación
Comprobado	No envíe dinero	Solamente
Construya	ahora	Última oportuni-
Conveniente	No está a la venta	dad
Descubra	en tiendas	Único
Dese prisa	Nuevo	Valioso
Excitante	Nunca antes	Valor
Fácil	Oferta de tiempo	Ventaja
Ganancia	limitado	

Preparación para la Práctica Personal #25
Redacción del mensaje

El objetivo de esta Práctica es iniciarlo en la redacción de mensajes promocionales. Seleccione tres palabras de la lista de "Palabras a utilizar" que pueda emplear para describir su producto o servicio. Escriba una oración promoviéndolo con cada una de las palabras que escoja. Siéntase libre de anotar ideas para gráficas o logotipos que le gustaría incluir.

José Luis de Abarrotes Los Cuatro Vientos no pudo encontrar ninguna idea para un anuncio en el periódico local. Se decidió a escoger tres palabras para usarlas en oraciones con el objeto de poner a trabajar su creatividad.

Práctica Personal #25
Redacción del mensaje

Las palabras que elegí son:

Acaba de llegar

Imagine

Único

Mi mensaje promocional:

Acaban de llegar tres nuevos sabores de las sabrosas salsas de Salsas del Paraíso.

Imagínese impresionando a sus invitados con el sabor tentador de los mariscos frescos y la salsa para mariscos, de Salsas del Paraíso.

¿Busca algo único para servir en la cena?

Visite Abarrotes Los Cuatro Vientos.

Práctica personal #25
Redacción del mensaje

Las palabras que elegí son:

Mi mensaje promocional:

Seguimiento de la Práctica

Al empezar a escribir algo en el papel o en la computadora, pondrá su creatividad a trabajar y habrá empezado a reflexionar en los mensajes que quiere transmitir a sus nichos de mercado. Además, habrá dado una revisión a las palabras que venden y seleccionado algunas que podría emplear en su mensaje promocional.

Encabezados

La parte de su mensaje que se lee con más frecuencia es el encabezado. Si logra captar la atención con éste, el lector seguirá leyendo el mensaje, así que asegúrese de que su encabezado:

- capte la atención

- indique a quién se dirige

- exprese un mensaje completo

- atraiga al lector al texto general

Un encabezado debe...

... ofrecer un beneficio
Podemos convertir su IBM PC en un taller de ingeniería.

¿Le gustaría poder identificar, segmentar y vender a sus prospectos y clientes con tanta precisión que le permitiera reducir sus costos de marketing en un 67%, e incrementar sus ventas en un 52%?

... hacer una promesa
No pague un centavo por reparaciones, bandas, manguera o aceite... durante tres años.

... identificar al cliente potencial
Nunca compré valores en el pasado: ¿cómo lo puedo hacer ahora?

... dar noticias
Mire lo que puede encontrar en el Directorio Oxbridge de Boletines de Prensa.

Presentamos la copiadora Xerox 1020, la de menor tamaño en nuestra impresionante nueva serie de maratón.

... identificar un problema
Los empleados ineficaces le cuestan dinero.

¿Por qué luchar con un removedor de tierra grande?

Probablemente uno de los más duros problemas que todos tendremos que enfrentar es el retiro.

... hacer una oferta
Le invitamos a ahorrar dinero.

Después de la preparatoria, debería haber algo más que un empleo convencional... Debería haber un poco de aventura.

En la producción impresa, estos dos libros prácticos me ahorran tiempo, dinero y problemas.

... relatar una historia
Se rieron cuando me senté a tocar el piano.

El mejor gerente que haya empleado... $19,000 de por vida.

Papá me dijo, "Juan, siempre dales a los clientes un poco más de aquello por lo que pagan".

> *P S I*
>
> En una carta de correo directo, su encabezado es su PS. Cuando las personas ven quién les envió la carta automáticamente su mirada es atraída a la PS. (A todos se nos enseñó a leer de izquierda a derecha y de arriba hacia abajo, por lo que, en forma natural, nuestros ojos van de la firma a la posdata.) Si capta el interés del lector con ella, empezará a leer la carta.

Preparación para la Práctica Personal #26
Encabezados

El objetivo de esta práctica es revisar encabezados para asegurarnos de hacerlos más eficaces.

Mostramos como ejemplo algunos anuncios de Abarrotes Los Cuatro Vientos, pues siempre es más fácil analizar y criticar encabezados redactados por otra persona que los propios. Una vez que detecte los errores ajenos, es menos probable que los cometa usted mismo; por lo tanto, empiece por analizar los encabezados de los siguientes anuncios.

Práctica Personal #26
Encabezados

Gran selección de especialidades
asiáticas, sudamericanas y del Caribe

Salsa picante	Bulkoki
Salsa de barbacoa	Kalbi
Especias	Fajitas
Salsa de mariscos	Chorizo
Rollos de huevo	Panes dulces
Sashimi	Especias mexicanas

**ABARROTES
LOS CUATRO VIENTOS**
255-2525

¿Está claro el encabezado?

Sí, el encabezado está claro, pero demasiado orientado a las características.

¿Comunica el beneficio?

No, sólo se indican las características de una gran selección de productos y de los tipos de comestibles.

¿Está dirigido a los clientes más indicados?

Sí, está dirigido a las personas interesadas en la cocina.

¿Es interesante?

En realidad no, pues no incita a nadie a salir de su camino para ir a comprar en Abarrotes Los Cuatro Vientos.

¿Podría ser más específico?

Sí. Podría estar dirigido a cocineros gourmet, a una cocina en especial, a entremeses para fiestas, platillos o postres.

¿Funciona con la ilustración?

En realidad no, pues la ilustración muestra una canasta de compras llena de comestibles que pueden no ser asiáticos, sudamericanos ni del Caribe.

Práctica Personal #26
Encabezados

¿Cómo contestaría a las siguientes preguntas a propósito de los encabezados que ha utilizado? Al hacerlo, piense en las formas en que podría modificar el encabezado, o crear uno nuevo que pudiera ser más eficaz. Si no encuentra encabezados que haya utilizado, analice los de la competencia.

Incluya su idea aquí:

¿Está claro el encabezado?

¿Comunica el beneficio?

¿Está dirigido a los clientes más indicados?

¿Es interesante?

¿Podría ser más específico?

¿Funciona con la ilustración?

Seguimiento de la Práctica

Analizando los encabezados que ha usado en el pasado, evitará cometer los mismos errores y estudiando los de sus competidores, podrá también aprender de los de ellos. Mediante la práctica de la crítica y el análisis, podrá desarrollar mejores encabezados que capten la atención y comuniquen su mensaje.

Preparación para la Práctica Personal #27
Lista de comprobación
de promociones impresas

Su objetivo en esta práctica es evaluar sus anuncios de prensa, publicidad en correo directo, materiales de venta y de ventas promocionales. Deberá encontrar maneras de mejorar su comunicación escrita con los clientes y los prospectos. Piense en cómo necesitaría modificar sus materiales impresos mientras contesta las siguientes preguntas.

Como preliminar a esta práctica, examine cómo José Luis, de Abarrotes Los Cuatro Vientos, la resolvió.

Práctica Personal #27
Lista de comprobación de
promociones impresas

Gran selección de especialidades
asiáticas, sudamericanas y del Caribe

Salsa picante	Bulkoki
Salsa de barbacoa	Kalbi
Especias	Fajitas
Salsa de mariscos	Chorizo
Rollos de huevo	Panes dulces
Sashimi	Especias mexicanas

ABARROTES
LOS CUATRO VIENTOS
255-2525

¿Está redactado como usted habla?

Sí, el mensaje está escrito como yo hablo.

¿Cuántos puntos de venta intenta comunicar?

Intenta comunicar un solo punto de venta: que tenemos una gran selección de comestibles.

¿Cuántos productos/servicios/promociones se destacan?

Intenta señalar los diversos productos que vendemos con la intención de que al menos uno de ellos sea lo suficientemente interesante como para atraer clientes a la tienda. Podría ser más fuerte si se promoviera una demostración de cocina. Así, una vez que los clientes estuvieran en la tienda, el arreglo visual de la mercancía les comunicaría la gama de productos que vendemos.

¿Comunica el encabezado su mensaje?

Sí, lo comunica.

¿Está dirigido a un mercado específico o a todos los mercados?

No está dirigido a un mercado específico. Podría dirigirse a los gourmets, a la gente que planea fiestas de graduación, o a personas que se interesan en un tipo de cocina en particular.

¿Visualmente, ¿el anuncio expresa lo mismo que el texto?

No, la canasta de comida no expresa que se trata de comestibles asiáticos, sudamericanos o del Caribe.

¿Inició con los beneficios, siguiendo con las ventajas y luego con las características?

No, no se mencionan beneficios en el anuncio. El anuncio se concentra en las características: las especialidades que vendemos. Un encabezado orientado hacia los beneficios pudiera ser "¿Aburrido de comer siempre lo mismo?".

¿Vende usted productos específicos, en vez de generalidades?

Abarrotes Los Cuatro Vientos vende categorías de productos genéricos. Al promover ciertas marcas en particular, podríamos obtener capital publicitario de las corporaciones. Al anunciar marcas difíciles de encontrar, podemos atraer la atención de la gente que gusta de esos productos en particular.

¿Un competidor podría poner su nombre en el mismo anuncio y publicarlo?

Sí, cualquier tienda de abarrotes podría utilizar este anuncio. No distingue a esta tienda de otras.

¿Qué podría eliminarse para mejorarlo?

Se podría eliminar la larga lista de comestibles que vendemos, así como la ilustración puesto que no ayuda a comunicar nada realmente.

¿Podría dividir el mensaje en subencabezados vendedores?

En realidad no hay suficiente mensaje como para dividirlo.

¿Ayuda el diseño gráfico a atraer la atención del lector?

Un poco.

¿Ayuda el mensaje a que la promoción logre lo que usted quiere: generar clientes, vender el producto, calificar prospectos, etcétera?

No, el mensaje no sugiere que la gente venga a la tienda. Ponemos el nombre de ésta y el número telefónico, pero en realidad no queremos que la gente nos llame. Para hacer que la gente venga a la tienda, debemos anotar nuestra dirección, señalar cómo llegar e incluir nuestro horario.

¿Solicita el anuncio órdenes de compra o preguntas por parte del consumidor?

No, no pedimos a la gente que venga a la tienda. Eso se podría hacer con esta frase: "Visítenos de lunes a viernes de 10 a.m. a 8 p.m. o los sábados de 10 a.m. a 6 p.m.".

¿Incluyeron su nombre, teléfono y dirección en todas las piezas del paquete?

Pusimos el nombre y el teléfono, pero no la dirección.

Práctica Personal #27
Lista de comprobación
de promociones impresas

Conteste a cada una de las siguientes preguntas tan honestamente como sea posible. Luego corrija su mensaje hasta que esté satisfecho con las respuestas.

¿Está redactado como usted habla?

¿Cuántos puntos de venta intenta comunicar?

¿Cuántos productos/servicios/promociones se destacan?

¿Comunica el encabezado su mensaje?

¿Está dirigido a un mercado específico o a todos los mercados?

Visualmente, ¿el anuncio expresa lo mismo que el texto?

¿Inició con los beneficios, siguiendo con las ventajas y luego con las características?

¿Vende usted productos específicos, en vez de generalidades?

¿Un competidor podría poner su nombre en el mismo anuncio y publicarlo?

¿Qué podría eliminarse para mejorarlo?

¿Podría dividir el mensaje en subencabezados vendedores?

¿Ayuda el diseño gráfico a atraer la atención del lector?

¿Ayuda el mensaje a que la promoción logre lo que usted quiere: generar clientes, vender el producto, calificar prospectos, etcétera?

¿Solicita el anuncio órdenes de compra o preguntas por parte del consumidor?

¿Incluyeron su nombre, teléfono y dirección en todas las piezas del paquete?

Coloque el mensaje corregido de su anuncio aquí. Compártalo con sus empleados. ¿Cuáles son sus reacciones?

Seguimiento de la Práctica

Mediante la crítica y el análisis de sus propios anuncios y piezas promocionales, podrá redactarlos mejor y se asegurará de que está:

- comunicando el mensaje que quiere comunicar
- diseñando la promoción para que logre lo que usted quiere
- solicitando alguna acción, ya sea una pregunta o una venta
- incluyendo la información que el prospecto necesita para tomar una decisión

Cómo se comunican los mensajes

Los mensajes promocionales se comunican mediante una combinación de las herramientas promocionales, las cuales incluyen:

- Marketing de boca en boca, *networking*, recomendaciones personales
- Telemarketing
- Relaciones públicas
- Correo directo
- Promociones de ventas
- Publicidad
- Comercialización

Marketing de boca en boca, *networking*, recomendaciones personales

La clave del éxito de esta herramienta promocional consiste en prometer menos y brindar más. Los comentarios positivos empiezan cuando uno constantemente rebasa las expectativas de los clientes. El marketing de boca en boca depende, en última instancia, de la calidad de su servicio al consumidor. Los comentarios sobre su negocio, fuera de éste, suelen reflejar las opiniones internas, es decir, lo que sus propios empleados dicen de usted. Preste atención a ellos y a toda plática dentro de su propia compañía acerca de la misma, y recompense a quienes hacen comentarios positivos.

Desarrolle una buena relación con sus clientes, entérese de sus necesidades y deseos, y anímelos a expresar sus quejas. Una manera de involucrarlos en su negocio consiste en formar parte de un grupo de enfoque, o en solicitar directamente sus recomendaciones. Anímelos a expresar sus quejas y desacuerdos y luego actúe basándose en la información que reciba de ellos. Si no lo hace, los consumidores dejarán de expresar su quejas, y usted perderá la oportunidad de satisfacer a un cliente descontento.

Todo el mundo recibe recomendaciones de clientes satisfechos sin siquiera solicitarlas; pero muy pocos negocios tienen los procedimientos necesarios para alentar las recomendaciones de sus clientes actuales, los prospectos, sus amigos y sus conocidos en actos sociales o de negocios. La clave está en determinar quiénes son sus defensores, identificar sus redes de relaciones, identificar maneras en que pueden ayudarle, facilitarles el que lo hagan y recompensarlos por su ayuda. Empiece solicitando testimonios de los clientes satisfechos y luego pregúnteles a quién más conocen que pudiera requerir su producto o servicio.

El *networking* (también conocido como marketing múltiple) es el arte de conseguir lo que usted quiere a través de otras personas. No se trata de asistir a actos de negocios e intercambiar tarjetas, ni de pertenecer a asociaciones o cámaras tan sólo nominalmente.

Se trata de desarrollar relaciones con las personas que están en su nicho, o con personas que le recomendarán un nicho.

Atrévase a desarrollar ideas descabelladas para lograr que la gente empiece a hablar de su negocio. Use esas ideas para atraer la atención, y luego venda su producto con base en sus beneficios. La Tabla 3.3 muestra ideas para que empiece activamente a solicitar comentarios de boca en boca o recomendaciones.

Tabla 3.3: Ideas para recomendaciones de boca en boca

- Haga algo, lo que sea, gratis.
- Obsequie un pequeño regalo de compensación a los clientes cuando cometa un error.
- Entregue tarjetas del negocio a cada uno de sus empleados para que las distribuyan a los clientes y prospectos.
- Contacte a todos los clientes después de que hayan comprado en su negocio para saber si quedaron satisfechos, invitarlos a que vuelvan y pedirles que lo recomienden con sus amigos.
- Exhiba todas las menciones en la prensa, las cartas de felicitación de sus clientes, sus diplomas y premios, en un sitio donde los clientes puedan verlos.
- Haga héroes en su negocio. Siempre que un empleado haga algo sobresaliente, celébrelo.
- No suponga; entérese preguntando.
- Envíe un regalito especial a la familia de sus empleados cuando éstos tengan que salir de viaje o trabajar horas extra.
- Instituya un día familiar, un día cuando las familias de sus empleados puedan visitar el negocio.
- Establezca un consejo consultor de clientes.
- Apréndase y utilice apropiada y oportunamente los nombres de sus clientes.
- Alargue sus horas de trabajo para cubrir las necesidades de sus clientes, no las propias.
- Regale una golosina a los niños, tras obtener el permiso de los padres, claro está.
- Haga que sus clientes se sientan importantes. Haga ventas especiales y promociones para ellos.
- Si usted no puede satisfacer la petición de un cliente, remítalo a un competidor que sí pueda hacerlo.
- Fotografíe a los clientes que hacen compras mayores y exhiba su foto en un lugar visible.

- Muestre su aprecio por las compras de sus clientes mediante un simple reconocimiento, una nota o una muestra de su gratitud.
- Ofrezca visitas a su negocio.
- Permita que los clientes prueben los productos en el negocio mismo.
- Haga pequeños favores a los clientes de manera habitual.
- Enriquezca la mente de alguien en vez de su estómago, envíe alguna novela como regalo en vez de golosinas.
- Conteste las preguntas del cliente con un casete grabado en vez de una carta.

PSI En ocasiones los clientes dudan en dar referencias porque temen que usted molestará a sus amigos. Cuando pida referencias, explique exactamente lo que planea hacer: enviar una carta, telefonear o lo que sea. Acaso tendrá que prometer que sólo insistirá en su contacto si los amigos del cliente muestran interés.

Correo directo, cartas personales, volantes

El correo directo con frecuencia se considera como basura y esto es porque efectivamente, en su mayoría es basura. Recuerde alguna pieza de correo directo que haya recibido esta semana y que desechó como basura. Ahora, recuerde alguna que haya recibido el pasado mes y que no haya sido basura. ¿Cuál fue la diferencia entre ambas piezas?

Probablemente no consistió en que una de ellas viniera impresa a cuatro tintas, o en que incluyera un desplegado de lujo; seguramente la diferencia radicó en que una sí ofrecía algo de interés para usted. De manera que la clave del éxito en el correo directo está en que envíe su oferta solamente a quienes que pueden estar interesados, lo que significa que debe contar con la mejor lista de correo.

Ahora, recuerde la última pieza de correo directo que haya usted elaborado. ¿Cuánto tiempo invirtió escribiendo y corrigiendo el mensaje? ¿Cuánto tiempo le llevó desarrollar el diseño gráfico, seleccionar el papel y tener el original listo para imprimir? ¿Cuánto tardó en seleccionar la lista de correo?

A la mayoría de las personas les toma de cinco a veinte horas trabajar en el mensaje y aproximadamente el mismo tiempo en el diseño gráfico. Pero no dedican más de cinco minutos a la lista pues, con demasiada frecuencia, el modo de pensar es: "Necesitamos mandar imprimir un total de X piezas. ¿Qué lista de correo vamos a utilizar?". Entonces, se pide a la secretaria que busque una lista de correo. ¿Por qué recibe todo el mundo tanta basura en el correo? Porque la decisión más importante en la cuestión del correo directo, la lista misma, básicamente se ignora.

Al igual que con todas las herramientas promocionales, el correo directo debe utilizarse para vender directamente, generar posibilidades, calificar posibilidades, reforzar las ventas, o crear reconocimiento. A menudo las expectativas de lo que puede lograr este medio son inexactas. Muchos dueños de negocios que no se sienten a gusto vendiendo intentan utilizarlo como contrapartida, pero se olvidan de que con él no se puede vender de manera directa servicios o productos muy complejos; se puede calificar prospectos a quienes deberá dárseles seguimiento personal con vendedores. Una pieza de correo que ha sido diseñada para calificar prospectos no sirve para todos los fines, tan sólo se usa para generar interés y deja el resto de la información para el vendedor. Si su pieza de correo directo incluye toda la información, no deja preguntas sin responder.

No intente utilizar el correo directo sin:

1. Tener un mercado claramente definido en cuanto a necesidades y deseos. Deberá comprender cabalmente los problemas de sus clientes potenciales.

2. Tener un producto o servicio que satisfaga esas necesidades o deseos. Debe entender cómo su producto o servicio ayudará a los prospectos a solucionar sus problemas, y qué beneficios obtendrán al usar su producto o servicio.

3. Tener una lista de correo que en verdad represente a su mercado, o al menos un segmento de él. Necesitará desarrollar una lista objetivo de las personas que realmente necesitan su producto, para que pueda hacerles envíos continuamente hasta que terminen por comprar.

4. Tener una oferta atractiva. Su mensaje debe subrayar los beneficios que se obtendrán al usar su producto o servicio y la necesidad de actuar AHORA para asegurar esos beneficios.

La lista

Listas internas o del negocio

Obviamente, la mejor lista que puede utilizar consiste en una lista de sus clientes anteriores. Si no cuenta con dicha lista, ahora es el momento de empezar a formarla, si bien le advertimos que resulta difícil, costoso y a veces imposible reconstruir listas de correo que no fueron guardadas en su momento, por lo que tendrá que tomar una decisión basada en el costo *vs.* el beneficio de reconstruirla.

Listas externas

La información que usted derive de su lista interna puede ayudarle a seleccionar listas externas, de las cuales existen cuatro tipos fundamentales:

Listas de respondedores: las personas que han efectuado compras por correo a otros proveedores por lo general son los mejores prospectos.

Listas compiladas: los nombres y direcciones de personas y organizaciones calificadas para estar en la lista.

Listas de revistas: las personas que se suscriben a alguna revista en particular pueden estar entre la lista de respondedores (probablemente compraron su suscripción a la revista a través del correo) y las compiladas (quizá no compren otros productos a través del correo).

Lista de asociaciones: la gente que pertenece a una asociación en particular con frecuencia es pasada por alto.

 La lista de correo que utilice, o la gente a quien distribuya volantes, tendrá más impacto en el éxito de una campaña de correo directo que el mensaje que redacte o la pieza que diseñe.

El paquete

Los materiales que usted incluye en el envío de su oferta conforman el paquete. Es el aspecto visual del correo directo. Para obtener los mejores resultados, siempre piense en su pieza de correo como un paquete cuyos elementos funcionan conjuntamente. El paquete puede variar entre una simple forma para ser llenada y devuelta, o un sobre grande lleno de una variedad de piezas y debe incluir:

1. Una oferta

2. La información que el prospecto requiere para tomar una decisión

3. Un mecanismo de respuesta

Se pone énfasis en la eficacia de las cartas personales, los volantes y el correo directo cuando:

- el mercado objetivo puede definirse en forma certera
- el producto nos es demasiado complejo o técnico
- el producto o servicio se adquiere con frecuencia
- usted tiene más de un mercado objetivo con necesidades variables

Ventas personales

Si usted es dueño de un negocio pequeño, es un vendedor. Vender no significa abrumar a los consumidores con el producto o servicio, significa escucharlos y tratar de satisfacer sus necesidades. Si realmente su producto o servicio podrá satisfacer las necesidades de los consumidores mejor que los de la competencia, les estará haciendo un favor enterándolos de ello, pero si no se ha tomado la molestia de calificar a sus clientes, les estará quitando el tiempo.

Programe algunas horas del día para vender y asegúrese de que sea durante las horas de comercio. Los pequeños negocios suelen caer en el ciclo de la prosperidad o la bancarrota. Sólo se ponen a vender cuando no tienen trabajo. Después pasan ocho horas al día tratando de vender. Tan pronto como la clientela regresa, dejan de vender y se ponen a producir. Cuando surten los nuevos pedidos o cumplen los proyectos, se quedan sin trabajo, de manera que vuelven a vender ocho horas al día.

No suponga que el primer "no" es un "no" definitivo; trate de descubrir cuál es la verdadera objeción y determine cómo puede satisfacer las necesidades del cliente. Si ha hecho un buen trabajo al calificar al prospecto, ese "no" con frecuencia significa que el cliente no sabe cómo puede beneficiarle la compra de su producto o servicio. Tome una negativa como una invitación a descubrir las necesidades del consumidor y ofrecer una solución.

PSI   Casi todas las listas se rentan para una sola utilización. Los dueños de listas las siembran (ponen nombres falsos en ellas) para vigilar su uso. Y pueden demandar a los dueños de negocios que las utilicen sin su autorización.

Cuando el cliente deja en claro que no comprará su producto o servicio, haga a un lado la actitud de vendedor y asuma la actitud de investigador para averiguar por qué. Esto le proporcionará valiosa información para futuras visitas de ventas, y también le permitirá establecer contacto a futuro con ese cliente.

Si llega a sus visitas de venta con las manos vacías, se despedirá del mismo modo. Prepare su material de trabajo en el orden con el que probablemente lo utilizará durante la visita, y selecciónelo para la presentación específica que vaya a hacer. No se olvide de solicitar el pedido. Muchos vendedores venden el producto, y luego lo compran de nuevo porque nunca solicitaron el pedido. Practique la solicitud del pedido de compra hasta que se sienta cómodo con las palabras que utilizará.

Pasos para la venta eficaz orientada al consumidor

Genere prospectos de ventas

Existen muchas fuentes de prospectos de ventas. Las mejores con frecuencia provienen de referencias o de su propia red de trabajo. Cuando haya explotado esas posibilidades, será tiempo de buscar más, y conforme haya definido su mercado objetivo o su nicho, será más o menos fácil determinar dónde encontrar prospectos. Una fuente la constituye la lectura de la sección de negocios del periódico local. Toda vez que vea que alguien ha sido promovido o contratado para una posición empresarial con autoridad de compra de su producto o servicio, envíele una carta de felicitación y dé seguimiento a esa posibilidad. Muchas fuentes las encontrará en la sección de referencia de la biblioteca pública.

También puede encontrar prospectos en la sección amarilla. Una vez definido su nicho, puede buscar en ella una lista de compañías afines. El problema de usar las páginas amarillas es que se puede encontrar el nombre de la compañía, pero no el nombre de la persona indicada, por lo que tal vez prefiera usar las listas de la Cámara de Comercio o de otras sociedades mercantiles.

Otra fuente está en los directorios publicados. Casi todos los estados tienen un directorio de fabricantes y uno de servicios, que se pueden encontrar en la sección de referencia de las bibliotecas más importantes.

También puede hacerse de prospectos mediante la adquisición de una lista de correo o de telemarketing bajo contrato de uso ilimitado durante un año. Para encontrar la lista que le conviene, comuníquese con un negociante de listas de correo; lo encontrará en las páginas amarillas bajo listas de correo. Recuerde definir su nicho tan específicamente como le sea posible, y solicite opciones de manera que pueda decidir cuál le interesa. Tal vez decida que la lista es demasiado larga como para seguir todas las posibilidades; en tal caso le recomendamos utilizar el correo directo o el telemarketing para calificar los nombres incluidos en ella.

> *PSI* Para conseguir una lista de correo, busque en la sección amarilla bajo listas de correo. Ahí encontrará los nombres de corredores de listas que le pueden ayudar a encontrar y rentar una lista. No cometa el error de muchos dueños de negocios de permitir que el corredor decida por usted cuál lista le conviene. Más bien, pídale de tres a cinco sugerencias para su propia lista de correo; luego, tome usted mismo la decisión.

Otra fuente de posibilidades podrían ser las preguntas que su publicidad genere. Con frecuencia, los prospectos llaman para pedir más información. A veces los empleados son tan eficientes que escriben sus nombres directamente en el sobre o la pieza de correo directo... pero, una vez que sale al correo, los nombres se pierden.

Pida sugerencias a sus proveedores, pues ellos también están interesados en el éxito de su negocio. Cuanto más venda usted, más venden ellos. Haga lo mismo con otros negociantes que abastecen su mismo nicho, sin competir con usted. Pida consejo a los asesores profesionales. Únase a un grupo indagador de posibilidades.

Otro método consiste en participar en una feria comercial o en una convención gremial. Si lo emplea, asegúrese de diseñar un programa para calificar a los prospectos que obtenga. A menudo, los vendedores dan seguimiento aproximadamente a las primeras doce posibilidades generadas por una feria comercial y si éstas no rinden frutos, no lo hacen con el resto. Si no puede calificar a los prospectos contactados durante una feria comercial, utilice el telemarketing o el correo directo para hacerlo antes de encargárselos al equipo de vendedores.

Incluso otra fuente de posibilidades está en los clientes del pasado. De manera continua, revise quiénes son los clientes que no han comprado desde hace algún tiempo. Comuníquese con ellos antes de que los pierda para siempre.

Califique al prospecto

No tiene sentido perder tiempo con prospectos que no están buscando comprar su producto o servicio, o que no tienen la autoridad o el poder de compra para adquirirlo. En consecuencia, cuando haya generado posibilidades, deberá calificarlas para asegurarse de que su equipo de vendedores (que acaso consista sólo en usted mismo), concentre sus esfuerzos en los clientes más probables. Para calificar a los clientes potenciales, haga las siguientes preguntas.

- ¿Qué tipo de producto usa en la actualidad?
- ¿Qué cantidad de producto usa en la actualidad?
- ¿Cuánto está pagando por el producto en la actualidad?
- ¿Cómo utiliza su producto?
- ¿Cómo se toman las decisiones de compra en su compañía?
- ¿Quién toma las decisiones de compra?
- ¿Cuál es su mayor problema en la administración de su negocio?

PSI

Usted entra en contacto con prospectos todos los días, pero a menudo los empresarios no los identifican como tales. Si busca en el cajón de en medio de su propio escritorio, seguramente encontrará algunas posibilidades no explotadas, quizá sujetas con una liga: son las tarjetas de negocios (o de presentación) que ha reunido a través del tiempo. Con frecuencia usted acude a un acto de negocios, obtiene algunas tarjetas de este tipo y las deposita en su escritorio. Cuando llega el tiempo en que puede darles seguimiento, ya no recuerda dónde conoció a esa persona, o en qué podría estar interesada. Por lo tanto, acostúmbrese a hacer anotaciones al respecto en el revés de cada tarjeta antes de guardarla en su escritorio o, mejor aún, incluya el nombre en su lista de correo o en su sistema de contactos administrativos.

Logre el acceso y prepare el escenario

Una vez que haya calificado a los prospectos, su objetivo será conseguir una cita. La mayoría de las citas se arreglan por teléfono, por lo que la clave está en vender por este medio la cita, no el producto o servicio. Si usted da información sobre su producto o servicio y contesta a las preguntas de sus prospectos por teléfono, ellos no tendrán necesidad de conocerlo personalmente, pues ya habrán obtenido la información que creen que necesitan. De manera que no caiga en la trampa de vender su producto o servicio por teléfono; en vez de eso, explique que la mejor manera de responder a sus preguntas es hacerlo personalmente. Luego asegúrese de utilizar gráficas e ilustraciones en su presentación de ventas.

Reúna toda la información que pueda sobre las necesidades de sus prospectos antes de la cita; de esta manera podrá hacer su presentación a su medida. Nada aburre más a un cliente potencial que una presentación de ventas enlatada, pues esto le transmite un mensaje de que no sabe nada de él y sólo quiere venderle algo. A nadie le interesa cuánto pueda usted saber en tanto no demuestre que usted se interesa en la persona más que en hacer negocio. Muestre a sus prospectos su interés tomándose el tiempo de escucharles con atención y de reunir más información sobre ellos.

Al llegar la hora de la cita, adopte una actitud abierta y amistosa, y haga algún comentario halagador. Echando un vistazo a la oficina de su prospecto, y poniendo atención a los intercambios iniciales, evalúe su estilo y su personalidad. Decida si puede invertir un poco de tiempo en conversación ligera, o si debe entrar en materia en seguida. Con base en su propia conversación inicial, el prospecto decidirá, en menos de treinta segundos, si puede confiar en usted y si le interesa. Tiene una sola oportunidad de dar una buena impresión inicial, así que asegúrese de estar preparado para dar la mejor posible en los primeros treinta segundos.

_P S I_

Muchos negocios dan prioridad a los prospectos basándose en conjeturas de si comprarán o no y cuánto van a comprar. Los prospectos calificados como "A" son los que probablemente comprarán y se convertirán en clientes habituales; se les da un tratamiento de primera y se les contacta con regularidad. A los prospectos calificados como "B" no se les contacta personalmente con tanta frecuencia como a los "A"; más bien, la regularidad del contacto se establece mediante el telemarketing o el correo directo. Los prospectos calificados como "C" son contactados una vez al año, pero reciben correo durante las otras tres cuartas partes del año. A los prospectos calificados como "D" se les llama una vez al año para ser recalificados y tal vez reciban uno o dos envíos.

Haga la presentación de ventas

Sepa, con anticipación, lo que quiere decir. ¿Cuántas veces ha apresurado una presentación de ventas, despidiéndose con deseos de haber discutido algunos puntos de venta que se le olvidaron? Concéntrese en la información que deberá transmitir y en el orden a seguir. No ensaye las palabras exactas que habrá de utilizar; y esté preparado para modificar su presentación según el interés que muestre el prospecto.

No alargue la presentación. Presente su punto de venta, ilústrelo de la manera más eficaz y solicite la compra. No caiga en el hábito de hablar y vender. Por el contrario, aliente a su prospecto a participar en la discusión y escúchelo con atención para poder cambiar su presentación con base en los preocupaciones de él. No interrumpa, deje que el prospecto termine de hablar, aun cuando se equivoque. Acto seguido, formule preguntas para corregir el malentendido. Déjese interrumpir; cuanto más logre que el prospecto hable, más posibilidades tendrá de realizar la venta.

No venda con las manos vacías. Lleve consigo los materiales apropiados de promoción. Con frecuencia se dice que si uno llega a una cita con las manos vacías, se irá de la misma manera. Proporcione evidencias o pruebas mediante testimonios, estadísticas o demostraciones.

Haga hincapié en los beneficios, no en las características, y ajústelos a las necesidades de su prospecto. Asegúrese de explicar primero lo que el producto otorga al cliente y después las características que posee y que demuestran que sirve para lo que usted dice. Asegúrese de empezar su presentación diciendo a los prospectos lo que ellos quieren saber, y luego explicando lo que usted quiere que sepan.

Adopte una actitud positiva. Acuda al encuentro con la seguridad de que se ganará al cliente. Elimine frases como "quizá pueda." Si no está seguro de algo, hará dudar a su interlocutor.

Venza objeciones y la resistencia

El manejo de las objeciones es la parte más difícil del proceso de venta, sobre todo por la manera como el vendedor reacciona. Cuando los vendedores oyen una objeción, a menudo se ponen a la defensiva y, por lo tanto, no escuchan ni analizan la objeción antes de responder. Trate con respeto todas las objeciones y asegúrese de permanecer tranquilo, seguro y amable.

Transforme la objeción en una pregunta. Muchas veces la objeción del cliente no es una objeción verdadera, sino sólo el primer pensamiento que cruzó su mente; en otras ocasiones, es simplemente una evasión. Usted tendrá que aclarar el asunto para determinar cuál es el problema en verdad. Convertir la objeción en pregunta permite comprender mejor las necesidades y deseos del cliente; por ejemplo, si alguien le dice que es muy caro lo que está vendiendo, transforme la objeción en pregunta: "¿Necesita algo más económico?". A partir de la respuesta del cliente, tendrá entonces la oportunidad de explicarle las características y los beneficios de *su* producto. Como puede ver, las objeciones deben ser bienvenidas, pues siempre se les puede dar la vuelta y convertirlas en razones para comprar.

Jamás discuta con el prospecto. Recuerde, no vivimos de acuerdo con la realidad de las cosas, sino de acuerdo con nuestra percepción de la realidad. Cuando un vendedor empieza a discutir, el prospecto deja de escuchar y la comunicación se rompe. Al responder a una objeción, concédale la razón al cliente, afirmando: "Tiene razón en estar preocupado por eso..." y tenga cuidado de que su respuesta sea breve y concisa y de incluir un punto de venta en su respuesta.

Cierre la venta

Asegúrese de solicitar la compra. Desarrolle diferentes maneras de solicitar el pedido o el proyecto. Una manera consiste en simplemente preguntar: "¿Cómo quisiera usted proceder?". Otra manera podría ser sugerir dos alternativas y dejar al cliente escoger. Cualquier libro sobre cómo vender le proporcionará un cúmulo de ideas acerca de cierres de ventas. La clave está en prepararse con algunas de ellas antes de su cita y utilizarlas en el momento oportuno. Con frecuencia ayuda tener una herramienta para cerrar ventas, como un pedido ya preparado o una propuesta.

Finalmente, una vez que ha solicitado la compra, deje de hablar. El silencio puede ser incómodo, pero su prospecto puede necesitar tiempo para pensar. Si usted solicita el pedido y enseguida vuelve a su presentación de venta, tendrá que solicitar el pedido una vez más. Asegúrese de darle a su prospecto tiempo suficiente para responder.

Dé seguimiento y satisfacción al cliente

La venta no se completa hasta que el cliente tiene en su poder el producto/servicio y ha pagado por él. Así que no olvide el seguimiento: esto incluye mantener al cliente informado del proceso y advertirle de cualquier retraso en la entrega. No sólo permita que sus clientes se quejen con usted, solicite sus quejas. Conociéndolas, o por lo menos escuchándolas, usted ganará una clientela fiel.

Escriba cartas de agradecimiento a sus clientes. Envíeles informes adicionales sobre el producto para que sigan convencidos de su decisión. Llámeles después de que hayan recibido el producto o servicio para asegurarse de que están satisfechos. A continuación, aproveche la oportunidad para hacer ventas adicionales, recopilar información valiosa sobre el mercado o pedir referencias.

Se recomienda poner más énfasis en las ventas personales cuando:

- un producto es muy caro
- el producto es nuevo, poco conocido, difícil de entender o complejo
- el cliente está comprando para una organización o para la reventa
- está de por medio un contrato de compras
- el producto es una materia prima que se utiliza en la elaboración de otros productos
- el producto es un importante servicio profesional o personal, como el de un abogado o un asesor
- el producto requiere de mucho servicio, como la instalación de un sistema de programas para computadora
- la decisión de compra la hace un grupo

Telemarketing

El telemarketing es un planteamiento de ventas que se lleva a cabo enteramente por teléfono. Puede consistir en vender a clientes que llaman, o en llamar a clientes potenciales. Aunque se le considera una molestia, puede ser muy útil en el marketing de un negocio a otro. Tal vez se requiera de tan sólo cinco minutos para calificar una posibilidad por teléfono, mientras que puede tomar dos horas hacerlo a través de una cita en frío.

En un programa de marketing telefónico de salida, su objetivo puede ser la venta del producto, la concertación de una cita, o el mantener contacto con sus clientes actuales. Si lo que busca es concertar citas de negocios, no caiga en la trampa de tratar de vender el producto por teléfono. Cada vez que el prospecto haga una pregunta relacionada con él dígale: "Es difícil para mí darle una imagen por teléfono. ¿Podríamos vernos el lunes para que se lo pueda mostrar?". Si se pone a vender el producto por teléfono, el prospecto no tendrá ninguna razón para fijar una cita.

El telemarketing es, en realidad, vender por teléfono. Por tanto, prepare una llamada de ese tipo de la misma manera en que prepararía una visita de ventas. Planee las preguntas que quiera hacerle al prospecto con el objeto de determinar la necesidad que tiene de su producto o servicio; haga una lista de los beneficios más importantes que le quiera mencionar y decida cómo va a cerrar la venta.

Organice su tiempo para que cada día pueda hacer llamadas, en vez de fijar un solo día de la semana para ello. Es difícil para cualquier persona hacer marketing telefónico durante más de dos horas diarias. Elija la hora del día que sea más conveniente para sus clientes, no para usted.

Haga seguimiento con una carta, material promocional o lo que haya prometido.

Telemarketing de salida

El telemarketing de salida es una manera económica de llegar a los clientes industriales, institucionales o empresariales. Antes de iniciar una campaña de telemarketing externo, determine cuál de los puntos siguientes es su objetivo:

1. Vender directamente por teléfono, ya sea seguimiento y mantenimiento de cuentas, toma de pedidos, mejoramiento o reactivación de cuentas estancadas, o renovaciones.

2. Un programa de calificación para seleccionar y clasificar a los prospectos inmediatos, a los que no lo son, y a los que deberán contactarse por teléfono o correo en el futuro.

3. Una campaña de seguimiento para complementar su programa de marketing de correo directo. Esto aumentará diez veces su eficacia.

4. Conseguir citas de ventas por teléfono. No caiga en la venta de su producto, sólo trate de conseguir la cita.

5. Dar seguimiento a las ventas para asegurarse de la satisfacción del cliente.

Los pasos involucrados en la planeación de una campaña de telemarketing incluyen determinar a quién llamar y qué mensaje se quiere comunicar. En la sección de marketing directo encontrará más detalles respecto de la selección de una lista y la propuesta de una oferta.

Telemarketing de entrada

Todos los negocios deben responder a llamadas telefónicas de clientes o clientes potenciales. La manera como estas llamadas se manejan tendrá un impacto en la imagen que sus clientes obtengan de su negocio. Con frecuencia se les hace sentir que son una molestia en vez de darles la bienvenida. Si usted no tiene un sistema formal de telemarketing (incluso si no lo denomina así), alguien debe ser responsable de esas llamadas. Examine su sistema telefónico para asegurarse de que está proporcionando a sus clientes el servicio que se merecen, y a los prospectos la información que necesitan para comprarle. El telemarketing de entrada tiene tres propósitos básicos:

1. Proporcionar información sobre sus productos: dónde comprarlos, cómo ensamblarlos y cómo utilizarlos.

2. Tomar pedidos, especialmente en conjunto con promociones de correo directo o de otra índole.

3. Alentar las quejas de los clientes mediante un número telefónico de servicio al cliente.

Relaciones públicas

Las relaciones públicas son el manejo de la imagen que sus diferentes consumidores tienen de su negocio. Los diferentes consumidores incluyen a sus clientes, sus proveedores, sus asesores, la comunidad comercial y el público en general. Las relaciones públicas incluyen los comunicados y las conferencias de prensa, los patrocinios, las donaciones, los artículos informativos, las entrevistas en los medios informativos, los talleres, los seminarios, los boletines de prensa y los folletos informativos.

Cuando envíe una carta o boletín de prensa intentando conseguir la publicación de un artículo de fondo sobre su negocio, empiece con la idea o el aspecto que podría interesar a los lectores de aquella publicación o a los radioescuchas o televidentes de aquella estación. Esto significa que tendrá que leer la revista o periódico y escuchar o ver la estación o canal para definir cuál aspecto podría interesarles. Haga su tarea y determine qué tipo de información pudiera requerir el redactor o el editor y téngala disponible. Podría incluir datos interesantes sobre los antecedentes, fotografías, personas a entrevistar, estadísticas, etc. Enviar el mismo boletín general a muchas publicaciones y estaciones es casi lo mismo que enviar correo chatarra.

Otra manera de mejorar la imagen de su compañía dentro de la comunidad es unirse a las organizaciones locales y formar parte de sus consejos. O bien, conseguir que los expertos de su empresa se dén a conocer ofreciendo seminarios, participando en programas de radio y televisión, o escribiendo artículos informativos.

Los boletines de prensa

Los boletines de prensa pueden utilizarse para generar reconocimiento, aumentar la clientela base, alentar la repetición de compras, introducir nuevos productos o ayudar a posicionar su negocio en el mercado. Pero esto se logra sólo si usted los realiza correctamente. Muchos boletines terminan en el "archivo circular" o en el "montón de lo que algún día leeré." ¿Por qué? Porque son aburridos, autohalagadores de baja calidad.

Para asegurarse de hacer un buen boletín de prensa:

1. *Empiece estableciendo un objetivo para el boletín de prensa.* Un boletín que esté diseñado para generar reconocimiento deberá estar redactado de una manera muy diferente a otro diseñado para alentar compras repetidas.

2. *Determine a quién se dirige usted*. Si no sabe para quién está escribiendo, tampoco puede saber qué tipo de información necesita.

3. *Proporcione datos interesantes*, no venda su producto nada más. Casi nadie lee los boletines de prensa que son simples anuncios de su compañía. El lector quiere información diferente de la que podría encontrar en sus materiales de venta comunes.

4. *Redacte un boletín sencillo y económico*. Su primer número deberá dictar, en forma aproximada, la apariencia de los ejemplares futuros. Si usted tira la casa por la ventana en el primer número, es muy probable que resulte demasiado caro y laborioso mantener ese nivel de manera regular.

5. *Desarrolle un sistema para reunir información* para su boletín de prensa. Necesitará un suministro constante de datos que sean de interés para el lector. La información puede provenir de revistas gremiales, las preguntas de los clientes, artículos de prensa sobre éstos, su propia experiencia, etcétera.

6. *Participe usted mismo*. Incluso si contrata a alguien para redactar o producir su boletín de prensa, usted debe participar. Nadie conoce mejor el tipo de información que sus clientes quieren y necesitan.

7. *Evalúe los resultados*. ¿Atrae el boletín a nuevos clientes, hace aumentar las ventas a clientes actuales, o es una "punta de lanza" para los vendedores?

PSI

Un inventor de un producto estaba interesado en obtener cobertura en revistas para promover su invento, por lo que envió un boletín de prensa a unas 50 revistas diferentes y no obtuvo resultados. Siguiendo una recomendación, acudió a la biblioteca, efectivamente leyó las revistas que le interesaban, determinó cuál de los encargados de sección podría interesarse más en su producto y, finalmente, escribió un artículo de fondo, interesante, que mencionaba, como si fuera de paso, su producto. Una vez que lo hizo y lo envió, las revistas empezaron a llamarle para discutir el tema. Después su problema era cómo deshacerse de tantas llamadas y sus esfuerzos dieron como resultado varios artículos de fondo en diversas publicaciones importantes sobre su producto.

Promociones de ventas

Las promociones de ventas son las actividades de marketing que no pertenecen a las otras categorías. Estimulan las compras de los consumidores y la eficacia de los distribuidores de su producto a corto plazo, pero al mismo tiempo y, también a corto plazo, pueden disminuir las ganancias. La gráfica 4.1, de la página siguiente, ilustra cómo las promociones de ventas producen una baja temporal en la curva de ventas y no necesariamente un incremento a largo plazo en las mismas.

Las ideas para promociones de ventas incluyen:

Reducción de precios
Empaques de prueba
Rembolsos
Ferias comerciales
Anuncios ambulantes
Mensajes telefónicos
   grabados
Anuncios callejeros
Actividades comunitarias
Obsequios en los cumpleaños de los clientes

Pruebas de producto
Cupones dentro o fuera
   del paquete
Rifas o juegos
Anuncios en tableros
   de tiendas o
   lavanderías
Anuncios en vehículos
Tarjetas de presentación
Patrocinios
Cupones

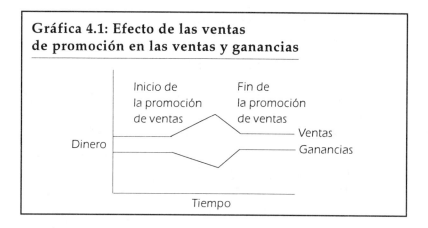

Gráfica 4.1: Efecto de las ventas de promoción en las ventas y ganancias

Publicidad

La publicidad es una presentación de ventas impersonal generalmente dirigida a un gran número de clientes potenciales (su mercado objetivo) y que:

- por lo general involucra a los medios masivos de comunicación, como periódicos, televisión, radio, revistas y anuncios espectaculares.
- es pagada por el individuo o la organización que de alguna manera está identificado en el mensaje.
- busca alcanzar metas de comunicación más que objetivos de ventas directas.
- aumenta la probabilidad de que el cliente acuda a la tienda o compre el producto o servicio.
- para tener un impacto verdadero, hay que poner el anuncio muchas veces, pero a un costo aproximado de $350 dólares por anuncio, quizá no pueda costear el gasto de ponerlo regularmente.

Se da un énfasis mayor a la publicidad cuando:

- el mercado objetivo es un mercado de masas.
- el producto o servicio es adquirido con frecuencia.

- la competencia para productos/servicios similares es alta.
- el objetivo es crear reconocimiento para un nuevo producto/servicio.
- la estrategia de marketing consiste en introducir el producto rápidamente.
- su mercado ya ha percibido la necesidad de la categoría del producto, pero usted necesita distinguirse de sus competidores.

La Tabla 4.1 muestra los beneficios y las deficiencias de varios medios de publicidad. Le será útil revisarla cuando seleccione las herramientas promocionales de su negocio.

Tabla 4.1: Ventajas y desventajas de los medios publicitarios

Ventajas	Desventajas
Periódicos	
- poco tiempo de anticipación	- pocos lectores menores de 18 años
- distribución del mensaje en su territorio geográfico	- lectura demasiado rápida
- flexibilidad de formato	- demasiados anuncios de miércoles a viernes
- catálogos para las compras dentro del negocio	- baja selectividad
- amplia aceptación y utilización por parte de los consumidores	- poco público "circulante"
- ayuda gratuita para elaborar y producir el anuncio	- baja calidad de producción
	- un medio orientado a los precios: casi todos los anuncios son para vender

Tabla 4.1: Ventajas y desventajas de los medios publicitarios (continúa)

Ventajas

Desventajas

Revistas

Ventajas	Desventajas
• alta selectividad	• circulación desperdiciada
• receptividad de los lectores de revistas	• mucho tiempo de anticipación
• economía de alcanzar un mercado masivo	• altos costos de espacio y creatividad
• psicología de la atención	
• exposición repetida	
• producción de alta calidad	
• el menor tamaño de las páginas ayuda a destacar incluso los anuncios chicos	

Televisión

Ventajas	Desventajas
• combinación de imagen y sonido	• evaluación negativa
• se aproxima a las ventas personales	• carece de selectividad
• cobertura de audiencia masiva	• impresiona de manera fugaz
• muchos televidentes ven los comerciales	• menos atención a los comerciales por los controles remotos y videocaseteras
• bajo costo por individuo captado	• alto costo de producción y creación
• aumenta la credibilidad	• puede comunicarse poca información

Tabla 4.1: Ventajas y desventajas de los medios publicitarios (continúa)

Ventajas	Desventajas
Radio	
• medio personal • medio universal: lo escucha la gente de todas partes • se puede enfocar el mercado meta • selectividad • rapidez y flexibilidad • bajo costo • efecto psicológico favorable • con frecuencia se cuenta con ayuda creativa gratuita • los costos generalmente pueden negociarse	• no se pueden hacer demostraciones • impresión fugaz • compras caóticas • difícil de obtener gran alcance • demasiados anuncios • necesidad de captar la atención inmediata
Correo directo	
• el medio más personal y selectivo • un mínimo de circulación desperdiciada • el mensaje puede ser extremadamente flexible • el mensaje puede ser tan largo como se requiera • el mensaje se oculta de los competidores hasta que sea demasiado tarde para que reaccionen	• mucho tiempo de anticipación para la impresión creativa y el envío • caro en términos de los prospectos a los que se llega • imagen de correo chatarra • obtención y mantenimiento de buenas listas de correo

Tabla 4.1: Ventajas y desventajas de los medios publicitarios (continúa)

Ventajas	Desventajas
Anuncios exteriores	
• altamente flexibles • bajo costo por contactos • excelente para anuncios recordatorios	• medio de consumo demasiado utilizado o circulación demasiado desperdiciada • el costo de una campaña nacional es alto • no permite un mensaje largo
Sección amarilla	
• llega a posibles clientes dispuestos a comprar • razonablemente barato • larga vida	• la competencia también se encuentra anotada • es difícil usar la creatividad
Anuncios especiales	
• recordatorio para clientes actuales • captan la atención	• no son buenos para atraer nuevos clientes

Evalúe sus herramientas promocionales

Las diversas herramientas promocionales y los diferentes medios poseen distintas capacidades para alcanzar su audiencia objetivo y para comunicar con eficacia. Cuando compare los diferentes medios y herramientas promocionales, asegúrese de comparar manzanas con manzanas utilizando los siguientes factores.

Costo por mil: el costo de llegar a mil personas con su mensaje, que se calcula dividiendo el costo del anuncio o comercial entre la cantidad de la circulación, los televidentes o los radioescuchas.

Desperdicio: el porcentaje de audiencia de un medio publicitario, que no es parte de su mercado objetivo.

Costo objetivo por mil: el costo de llegar a mil personas en su mercado objetivo con su mensaje a través de un medio en particular.

Proporción de respuesta: en los medios de correo directo o telemarketing, el número de pedidos por cada 100 contactos.

Costo promocional por preguntas: el costo total de la promoción dividido entre el número de preguntas.

Costo promocional por pedidos: el costo total de la promoción dividido entre el número de pedidos que la promoción suscitó.

Abarrotes Los Cuatro Vientos, José Luis: José Luis calculó que la promoción de correo directo para su mercado le costaría aproximadamente $1,000. Hay 5,900 personas en su área objetivo. La audiencia objetivo consta de 4,100 personas. José Luis evaluó su promoción de esta forma:

Costo por mil
$1,000 ÷ 5,900 = $.16949
$.16949 x 1,000 = $169.49

Desperdicio
5,900 – 4,100 = 1,800
1,800 ÷ 5,900 = 31%

Costo meta por mil
$1,000 ÷ 4.1 = $243.90

Proporción de respuesta
Tal como está calculado en Datos de Marketing por Correo Directo = 4%

Costos promocionales por pregunta
Si la promoción de José Luis alcanza una proporción de preguntas de 6% de las 4,100 personas en su área objetivo, su audiencia objetivo generaría 246 preguntas. Con un presupuesto de $1,000, esto significaría que cada pregunta le costaría $4.07.

Costo promocional por pedido
Si la tienda de José Luis generó 4% en ventas (164 ventas) a un costo total de $1,000, los costos promocionales por pedido serían de $6.10.

José Luis eligió el correo directo como una de sus herramientas promocionales porque le ofrecía buena exposición a su audiencia objetivo con un bajo costo por pedido.

Evaluar las herramientas promocionales antes de seleccionar su medio, tal como José Luis lo hizo, es una tarea extremadamente valiosa. El análisis de costo–beneficio será su guía en el proceso de toma de decisiones.

Ha completado el Reto 4

Al terminar esta sección, sabrá que la eficacia con que usted reúna información y la calidad de dicha información con frecuencia marcan la diferencia entre una promoción exitosa y una fallida. Ahora sabe qué tipo de información debe reunir y cómo debe usarla como fundamento de su plan promocional. Con esta sólida base, podrá crear promociones que sean eficaces y logrará sinergia en las mismas.

Deja el Reto 4 con lo siguiente:

Información. Ha adquirido la capacidad para evaluar con objetividad las ideas promocionales y ha aprendido a traducir las características de su producto o servicio en un beneficio que sus clientes comprarán. Entiende cómo posicionar su producto o servicio para diferenciarse de sus competidores; finalmente, aprendió a seleccionar la herramienta promocional más eficaz en relación con el costo, para alcanzar su objetivo de comunicación.

Herramientas. Las prácticas que realizó le sirven como herramientas para determinar el objetivo de cada promoción, descubrir los "puntos clave" de sus clientes, ver cómo se compara con sus competidores, y evaluar sus promociones. Además, los consejos de redacción del mensaje promocional y la lista de palabras pueden usarse para empezar a redactar su propio mensaje publicitario. Por último, la descripción de las herramientas promocionales le servirá para generar maneras más eficaces de comunicarse con su mercado.

Aprendizaje. En este Reto, aprendimos que los consumidores no compran lo que uno vende, sino que compran el beneficio que su producto o servicio proporciona. También aprendimos que para cada grupo de clientes un beneficio diferente puede funcionar como la "atracción clave" y descubrimos una amplia variedad de herramientas promocionales que acaso haya usted pasado por alto en sus esfuerzos del pasado.

Trabajo en red. Empleando la información obtenida en este Reto, usted podrá usar de mejor manera sus recursos promocionales actuales, ya sean los representantes de los medios, un redactor de mensajes publicitarios o un diseñador gráfico independientes, o bien, una agencia de publicidad. Desde otro ángulo, también obtuvo sugerencias para desarrollar una red de trabajo siguiendo algunas de las ideas del marketing de boca en boca.

Reto 4: Autoevaluación

Para comprobar su aprendizaje e iniciarse en el desarrollo del mensaje promocional y en la selección de sus estrategias promocionales, conteste a los siguientes enunciados.

( )   Puedo indicar dos metas promocionales específicas que deseo alcanzar el año próximo.

( )   Puedo indicar las características y los beneficios de mi producto o servicio.

( )   Puedo determinar los beneficios más importantes para cada uno de los nichos de mercado que planeo atender.

( )   Puedo describir en dos o tres frases la imagen que quiero imprimir en la mente de mi cliente.

( )   Conozco los datos que necesito proporcionar a mis presuntos clientes para alentarlos a llamar y solicitar más información.

( )   Conozco los datos que necesito proporcionar a mis prospectos para motivarlos a llamar y hacer un pedido.

( )   Puedo diseñar tres estrategias que podría poner en marcha para alentar más referencias de mi negocio.

( )   Puedo definir los pasos que necesito tomar para asegurarme de que estoy enviando correo directo y no correo chatarra.

( )   Puedo señalar tres cambios que haré para mejorar mis presentaciones de ventas.

( )   Puedo describir tres maneras de utilizar el teléfono en mis esfuerzos de marketing.

( )   Puedo describir dos estrategias de relaciones públicas que consideraré poner en marcha.

( )   Puedo explicar cómo las promociones de ventas influyen en las ventas y las ganancias.

( )   Puedo describir cuándo la publicidad es una herramienta promocional eficaz en relación con el costo.

AHORA DOMINA LAS TÉCNICAS CRUCIALES DE MARKETING

Al explorar el marketing de las pequeñas empresas, descubrió que toda actividad que su negocio lleva a cabo influye en su marketing, el cual no es tan sólo un par de actividades que uno realiza periódicamente. Es la mentalidad total de su negocio, desde la calidad de su producto o servicio, hasta el nivel del servicio al consumidor, y la manera en que los productos o servicios son entregados a los clientes. El marketing empieza antes de que usted abra las puertas de su negocio, y continúa hasta que las cierre.

Ha descubierto que el marketing de las pequeñas empresas difiere del de los competidores más poderosos. Un capital limitado y un personal reducido le obligan a hacer un marketing más inteligente que el de los competidores que pueden gastar más. Hacer un poco de lo que sus competidores llevan a cabo pocas veces sirve, por lo que necesita desarrollar estrategias de marketing diferentes.

Como ha aprendido, la clave del marketing inteligente está en enfocarse en los mercados donde se encuentran, con más probabilidad, los que serán sus clientes. Enfocarse en los productos o servicios que con más probabilidad habrán de satisfacer sus necesidades mejor que los de sus competidores. Enfocarse en los cientos de pequeños detalles que sus competidores más poderosos pasan por alto. Para ello, empiece por pensar como un cliente; reúna información sobre los mercados que puede atender y sus necesidades. Observe lo que los competidores están haciendo, y examine sus propios puntos fuertes y débiles. Luego establezca las prioridades de sus propios mercados, así como las necesidades del cliente, y fije objetivos específicos. Una vez que sepa a dónde quiere llegar, se hará mucho más fácil lograrlo.

Habiendo completado los Retos de marketing, ha desarrollado un plan de marketing. Pero ese plan no está cincelado en piedra. Sea lo suficientemente flexible como para cambiar según cambie la clientela. Experimente con diferentes estrategias de marketing. Con regularidad, revise su avance de manera que pueda llevar a cabo lo que funciona y eliminar las estrategias que no le ayudan a alcanzar sus metas.

Una vez que haya seleccionado sus estrategias de mercado, desarrolle un plan de acción para ayudarse en la implantación de su plan. Vigile sus progresos mensualmente para reducir los problemas que puedan surgir. El plan, por sí mismo, no le llevará a ninguna parte; el éxito se alcanza paso por paso. Asegúrese de no fallar en dar ese último paso que puede significar la diferencia entre el éxito y el fracaso.

Ahora que ya ha puesto en marcha su plan de marketing, revíselo para asegurarse de que está haciendo las cosas apropiadas. Examine lo que está haciendo bien, y lo que está haciendo mal, pero primero concéntrese en comprobar que está haciendo las cosas apropiadas. ¿Sus esfuerzos añaden valor a sus clientes o costos a su compañía?

Ahora sabe cómo reunir la información que necesita para tomar decisiones. Facilite el proceso de planeación de marketing mediante la recolección incesante de la información que necesita para tomar mejores decisiones relacionadas. Luego utilice esa información recopilada para afinar su plan de marketing y hacer un mejor uso de lo que invierte en él. Todos los días pregúntese: "¿Qué otra cosa podría hacer para servir a mis clientes más eficazmente?".

Por fin ha superado el reto de cómo encontrar el mejor mercado para su pequeña empresa. Ahora ya está listo para transformar los planes que ha desarrollado en acciones de su propio negocio. Será una aventura excitante y llena de recompensas. ¡Buena suerte!

TÉCNICAS
CRUCIALES DE MARKETING
PRIMERA EDICIÓN
SEPTIEMBRE 10, 1997
TIRO: 3, 000 EJEMPLARES
(MÁS SOBRANTES PARA REPOSICIÓN)
IMPRESIÓN Y ENCUADERNACIÓN:
ARTE Y EDICIONES TERRA, S.A.
OCULISTAS NO. 43
COL. SIFÓN

Printed in Mexico